举 一 反 百

——中国传统文化中的财富与幸福心法

知止斋主 著

上海文化出版社

知止斋主,资深出版人,音乐评论人,策展人,企业文化学者,长期致力于中国管理智慧与量子领导力、中国管理智慧与企业伦理的研究与传播。

序

从"举一反三"到"举三反一"

天得一以清，地得一以宁，神得一以灵，谷得一以盈，万物得一以生，侯王得一以为天下贞。——老子

不愤不启，不悱不发，举一隅不以三隅反，则不复也。

——孔子

泰初有无，无有无名。一之所起，有一而未形。物得以生谓之德。——庄子

"举一反三"和"举三反一"是两种逻辑思维方式，背后或许是两种世界观的不同。"举一反三"常常用于科学思维，"举三反一"往往用于人文思维。从"举一反三"到"举三反一"就是从"道"出发再回到"道"中来的过程。"举一反三"，讲究触类旁通；"举三反一"，讲究力透纸背。

如何选择"举一反三"还是"举三反一"呢？首先要明白"一"是什么？"三"又是什么？"一"，一般来说指的是"共性"，是"规律"，是"道"，是大同。其中的"三"，一般来说指的是"个性"，是"个例"，是小异。正如《道德经》所说："天得一以清，地得一以宁，神得一以灵，谷得一以盈，万物得一以生，侯王得一以为天下贞。"《道德经》亦说："道生一，一生二，二生三，三生万物。"如此看来，在"举一反三"和"举三反一"中，不是"三"中包含着"一"，而是"一"中包含着"三"，"三"中孕育着"一"；不举"一"也就难以反"三"，不举"三"也难以反"一"。"举一反三"和"举三反一"是相辅相成，循环往复的。

我们在做事时，要多采用"举一反三"的思维模式；我们在做人时，则要采用"举三反一"的思维模式。这样做的核心目的都是为了参透现象看到事物的本质。"举一反三"通常是进行概念理解正误辨析，通过分解概念中的限制条件，并用正反的形式进一步辨别概念的特征，从而巩固和强化我们对概念的认识理解；再通过对概念的运用，通过类比等方法形成知识迁移，将对概念的掌握和理解转化为解决实际问题的技术和能力。我们的认知都是在"举一反三"和"举三反一"的循环往复中得到不断提升的。

孔子在《论语·述而》中有曰："不愤不启，不悱不发，举一隅不以三隅反，则不复也。"意思是说，不等到他努力想弄明白而不得时，或者仍然想不透的程度时不要去开导他；不等到他心里明白却不能完善表达出来的程度时不要去启发他。如果他不能"举一反三"，就不要再反复地给他举例了。南宋理学家朱熹解释说："愤者，心求通而未得之状也；悱者，口欲言而未能之貌也。启，谓开其意；发，谓达其辞。""启发"的前提条件与时机是："心求通而未得"与"口欲言而未能"。这里有点像俗话所说的那样："师傅领进门，修行在个人"，关键是个人的"修行"。这里的"修行"，就是强调用"举一"启发"反三"。所谓"反三"，不一定是"三"，不限于"三"，可以是"四"，可以是"五"，或者是更多。子贡就曾赞扬颜回能"闻一知十"。"反三"，就是我们的广泛阅读与独立思考，扩展、延伸、感受、体验、领悟其真谛与要领，"温故而知新"，有新的发现，不断提升认知水平，获得真知。

语言学习与科学学习有所不同，数、理、化是"举一"而"反三"，"举少"而"胜多"；语言学习常常是"举三"而"反一"，"举多"而"胜少"。从学习过程来看，"举一反三"强调"迁移"，而"举三反一"强调的是"积累"。"迁移"是指一种学习对另一种学习的影响，是要求我们能够用已有的知识、经验去认识新的知识，解决类似的新的问题。"积累"就是对知识、经验、信息等的积聚和整合。而"迁移"是以"积累"为基础的，"积累"是以"迁移"为保证的，两者是相辅相成的，不可分割。

"举一反三"侧重于知识的学得，重在广度；"举三反一"侧重于知识的习得，重在深度。具有广度深度的知识获得才是得"道"

的过程。"举一反三"和"举三反一"好似人的两条腿，缺一不可。我们的学习和工作必须把"举一反三"和"举三反一"思维模式很好地结合起来，学会用两条腿走路，也就是做事和做人合一起来。这样的话，我们的工作和生活才能更加健康、合理、稳定，才会创造并获得完整美好的生命体验。

是为序。

2022 年 8 月 29 日初稿

2023 年 7 月 5 日修改稿

于沪上知止斋

目录

第三辑 熵减人生

第四辑 读书明理

第五辑 在关系中成长

第六辑 贵人相助

第七辑　合作创造

第八辑　文化的力量

第一辑

时间在里面

天时、地利、人和：天人合一的三个迹象

经典回望

子曰：吾十有五而志于学，三十而立，四十而不惑，五十而知天命，六十而耳顺，七十而从心所欲，不逾矩。——《论语》

天时不如地利，地利不如人和。——《孟子》

夫大人者，与天地合其德，与日月合其明，与四时合其序，与鬼神合其吉凶。先天而天弗违，后天而奉天时。天且弗违，而况于人乎？况于鬼神乎？——《周易·乾文言》

世界上时间观念最强的似乎是中国人，时间观念最不强的似乎也是中国人。"此世之饱满，此世之灿烂"应该是每个中国人的终极关怀了。这是中国人的计划思维的具体呈现，其根源是《周易》。

《周易》的"六爻"是一个生命的过程，孔子在"六爻"的基础上总结了一个生命的过程："吾十有五而志于学，三十而立，四十而不惑，五十而知天命，六十而耳顺，七十而从心所欲，不逾矩。"中国人对生命的紧迫性大概就是从此开始的吧。你看我们身边的很多人都很着急。

一个人从出生第一天，父母就开始按计划替孩子规划一生了。

幼儿园去哪里？学区房买哪里？小学去哪里？中学去哪里？大学去哪里？211、985、北大清华、哈麻牛剑似乎成了每个中国父母时刻都不愿意落下的功课。为了孩子、为了生存、为了生活，每个人都行色匆匆，多元的生活给了每个中国人一元的物质追求，功名上不愿意落后，物质上不愿意跟不上时代的步伐，因为他们害怕和感叹生命是有限的，而需要完成的事业是无限的；他们怕"七十三八十四，阎王不请自己去"这样的生命咒语，什么时候不期而至地轮到自己。所以，"以梦为马，长风破浪，只争朝夕，不负韶华"的观念，一直环绕在每个中国人的心中，似乎永远挥之不去。

时间从哪里来？中国古人说，时间从天上来，所以我们常常称之为天时。天有阴阳，地有寒暑，日有春夏，人有仁义，我们的生命就有了天时的概念。孔子的"学而时习之"这句话就告诉我们，生命的学习是要按照天给你的时间去做的。故有"吾十有五而志于学，三十而立，四十而不惑，五十而知天命，六十而耳顺，七十而从心所欲，不逾矩"的人生过程。时间就是生命，时间也是你的命运，时也，命也。时运也就是我们常说的命运。

天时给了我们生命的刻度，地利给了我们什么样的提示呢？

《周易》清晰地给我们的人生做了六个阶段的精准提示："潜龙勿用（见自己），现龙在田（见他人），惕龙乾乾，跃龙在渊（见众生），飞龙在天，亢龙有悔（见天地）"，每一步都需要智慧，每一步都需要境界。

天时不如地利，地利不如人和，这是孟子给我们的古训，更是常道。一个人应该如何做到人和呢？古人有"立德、立功、立言"三立之说;"与天地合其德,与日月合其明,与四时合其序,与鬼神合其吉凶"四合之说。三立说的是做人,"化育万物谓之德";四合说的是做事,"照临四方谓之明"。人生不过四个字:做人做事。做好人做好事就是我们常说的天人合一吧。

天人合一的出现大概有三个迹象:总感觉机会越来越近,是为天时;好事接二连三,是为地利;信念越来越坚定,是为人和。如果你的人生这三个现象同时出现,就是体验到古人所说的"天人合一"了。

认知到这个问题,你就是不同的你了。

日常、平常、无常：做一个时间投资人

经典回望

> 两耳不闻窗外事，一心只读圣贤书。——《增广贤文》
>
> 风声雨声读书声，声声入耳；家事国事天下事，事事关心。——顾宪成
>
> 落霞与孤鹜齐飞，秋水共长天一色。——王勃

《逻辑思维》APP 创始人罗振宇曾经用"做时间的朋友"为题做过一个跨年演讲。他演讲的角度就是从投资的角度思考的。我们的工作、生活其实都在和时间打交道，如果处理好与时间的关系，你的生活会有很大的改观。平时我们与人相处也是在时间里面不断变好变坏的。当我们做人做事的时候处理好时间，就一定会惠风和畅。

记得一个刚毕业的北大博士，他父亲带他来找我聊天，走的时候他父亲希望我给他一些建议，我说我只能给他一些关于管理时间的建议，因为他刚刚二十五岁，已经积累了很多知识，我说就送给他三句话吧：三年内坚持少做一点，少说一点，多看一点。他有些不解地走了。

　　过了几天，他父亲与我通话，说后两点理解，第一点不理解。我说少做一点并不是真的少做一点，而是以自己为主导的事情少做一点。因为这个时候刚入职要以别人为主，边做边看边实证；做还是要多做的，主要跟着别人多做，勤快一点做。说完他说理解了。

　　这里我突然想到一个关于"磨刀"的故事：

　　人生犹如"磨刀"，这是一生的事情。故事讲的是大学毕业前夕，老教授分别给他两个最得意的学生留了同样的赠言。令老教授没想到的是这两个学生日后的境遇会有大的差异。

　　十多年后，其中一位被提上了重要的领导岗位，他的周围聚集起一大批人才尖子，由他牵头的科研项目获得巨大成功，他的学生蜚声中外。另一位却处境黯然，他一连换了好几家单位，却总是与人难以相处难以合作，在前几年的优化组合中，他还被"优化"出局，后来索性自己干，又亏了本钱……

　　一天，两人在老教授家不期而遇，处境不佳的那位先抱屈说："导师，这些年我可从未忘记你关于磨刀的教导，一直没有放松知识的积累和自身的努力，可谓是磨刀霍霍，可怎么总是怀才不遇呢？"

　　导师未言，另一位先开了口："这些年我也一直磨刀霍霍，但我除了把刀磨快之外，有时也将它稍稍磨得钝一些。要知道刀子如果磨得太锋利了，它在碰伤别人的同时，也难免伤着自己。"

　　这个故事主要想说的还是时间的投资问题。少做少说多看，说的是另一种"磨刀"。前面两个"少"其实也是"多"，后面一个"多"其实为了"少"。多看非自己专业的书，如果你是学文科的，那你多看一些理工科的东西；如果你是学理工科的，那你可以多看一些文科的东西。没有被文科耽误的理科生，也没有被理工科耽误的文科生，互补合一才能让我们成为一个具有整体观的人，这样对我们做人做事都有好处。

学会投资时间，学会管理时间，其实就是管理我们的人生。孔子很早就规划了自己的一生。"两耳不闻窗外事，一心只读圣贤书"，是一种投资。"风声雨声读书声，声声入耳；家事国事天下事，事事关心"，这也是一种投资。这里主要是一个选择问题，合适的时间做合适的事情就是投资思维。

如果没有时间投资的思维，我们的人生可能就是像一个段子说的那样：人这一辈子，上幼儿园后把天真弄丢了，上小学后把童年弄丢了，上初中后把快乐弄丢了，上高中后把思想弄丢了，上大学后把追求弄丢了，毕业后把专业弄丢了，工作后把锋芒弄丢了，恋爱后把理智弄丢了，按揭后把下半生弄丢了，结婚后把激情弄丢了。如果沿着这样的思维成长，那我们的人生真成了像有人总结的那样：

一岁闪亮登场，十岁茁壮成长，二十岁为情彷徨，三十岁拼命打闯，四十岁基本定向，五十岁回头望望，六十岁告老还乡，七十岁打打麻将，八十岁晒晒太阳，九十岁躺在床上，一百岁挂在墙上。

所以，更要学会低成本投资，学会雪球思维，学会长线思维，当年的一个小的决定可能就会成为你未来的重要资本。

生命有无常，岁月有日常，管理好日常，人生越少无常。

生存、生活、生命：时间管理的长与短

> 逝水韶华去莫留，漫伤林下失风流；美人自古如名将，不许人间见白头。——《随园诗话》
>
> 知止而后有定，定而后能静，静而后能安，安而后能虑，虑而后能得。——《大学》

时间管理就是生存管理、生活管理、生命管理。时间管理要坚持用长期原则，切莫用短期原则。时间概念很重要，因为那是你的生命。

我们常说的理财，本质是管理时间的能力，因为时间是有价值的。

人有时间意识，随时间意识而来的还有时间恐惧。人是唯一有时间感的动物。人能够把连贯的时间，分为过去、现在与未来。"美人自古如名将，不许人间见白头"，不过是人们对时间流逝，无奈时发出的无限感慨而已。

人虽然有时间意识，能够分辨过去、现在与未来，但是人的认识能力，却不能够等同于对过去、现在与未来有认知。过去的已经过去，属于"确知"的已然；"现在"的真实存在，属于"可见"的实然；未来的还未来到，属于"未知"的或然。奇怪的是，人类为了那些并不存在的过去与未来而自寻烦恼，世间有太多的人放不下过去，担心着未来，对现在又恐惧不安。

人的时间恐惧感与人生的意义感恰恰就在这里。

我是谁？我从哪里来？我为何而来？我是一个人，我来自天，我为寻找意义而来。我们既不能把自己摆放在完全透明的无意义世界，也不能把自己摆放到完全漆黑的恐惧世界，而是把自己安放在一个透明与漆黑之间的感知世界。我们正处其间的，正是这样一个灰度的认知时空之内，这样一个可能性的或然世界之中。如果用现在的科学语境来说，其实我们要把自己安放在一个量子世界之中。如何认知这样的量子世界，需要的就是你的量子思维。

量子世界的属性是秩序和不确定性同时存在。人凭借时间意识，能够认识到有未来，却又不能准确预知未来。对未来的无知感，导致人没有办法采取有效应对，这种源于未来不确定性的时间恐惧，属于人生的相对恐惧。我们每个人都是在这种相对的时间恐惧之中，一步步走向生命的终点。

有限的人生，无限的未来，带来的往往就是无能为力的时间恐惧。面对这样的终极困境，我们需要管理好生命的长时间，积极应对生命的短时间。如果我们对时间的管理在生命的长时间（日常）管理上有所认知，那我们在应对生命的短时间（无常）时就会少一点恐惧和忐忑不安。

这个世界是具有可能性的。不确定的我们既有一定的确定性，也可以具有一定的不确定性。如果我们凭借主体人格，发挥主观能动性，进行理性判断，进行自由选择，进行事前筹划与设计，采取具有目的性的自主行为，就能应对一些"天有不测风云"的时间恐惧，来给人生赋予一定的意义感。

人生的恐惧感与意义感一体两面，当我们认识到时间无限与人生有限时，我们就能认知到时间管理的长与短。宗教、哲学与科学，最终都在"时间"这里汇合，都试图用自己特有的视角，来揭开时间之谜。物理学家霍金的《时间简史》如此，哲学家海德格尔的《存在与时间》也是如此，这也是我们开启的时间管理的"近道儿"。

有时间的长与短，就有时间的快与慢，快了就显得短了，慢了就显得长了，长短与快慢对我们来说都是一个选择问题，都是人赋予时间的一种意义。似乎时间只有用数字来表现的时候，才被赋予了存在的意义。人生的意义、人生的价值，恰恰也是通过时间来揭示万事万物背后的真知与道理。

慢者，才有静。静，表示古人沉思的生活，有节制，向往的是一种通透、高贵、高远的生活；快者，意味着动，象征着变，传达着现代人快速的生活，有欲望，追求一种自由的快乐生活。关于对时间的管理，《礼记·大学》是这样说的："知止而后有定，定而后能静，静而后能安，安而后能虑，虑而后能得。"

"知、止、定、静、安、虑、得"，既有时间的忠告，也有对人生的劝诫。今日之快，时间变成了填充题；今日之慢，时间变成了思考题。科学的发展需要时间之快，哲学的发展需要时间之慢；快并不代表就是进步，慢也不代表就是落后。

对今天的我们来说，似乎所谓的进步都来依赖科学的进步，所有的知识都依赖搜索，搜索变成了我们的习惯和生活方式。我们每天都在重复做的一件事情：有事去搜索，没事也去搜索。搜索不是思考，今天太多的人把搜索代替了思考，其实是放弃了思考而获得的答案。

　　慢下来，静下来，自由阅读，自由思考才是人类思想史的源泉，也只有这样，人类的进步才会生生不息。

专心、专注、专业：时间的生命价值

经典回望

> 青青园中葵，朝露待日晞。阳春布德泽，万物生光辉。常恐秋节至，焜黄华叶衰。百川东到海，何时复西归？少壮不努力，老大徒伤悲。——汉乐府《长歌行》
>
> 人生无根蒂，飘如陌上尘。分散逐风转，此已非常身。落地为兄弟，何必骨肉亲！得欢当作乐，斗酒聚比邻。盛年不重来，一日难再晨。及时当勉励，岁月不待人。——陶渊明

　　古往今来，时间的概念作为世界观的"世"，都有很独到精准的认知。古人云："圣人不贵尺之璧，而重寸之阴"，"百川东到海，何时复西归？少壮不努力，老大徒伤悲"，"盛年不重来，一日难再晨。及时当勉励，岁月不待人"，"一寸光阴一寸金"。法国作家巴尔扎克说，时间是资本；德国诗人歌德说，时间是财产；作家鲁迅说，时间是生命；科学家法拉第说，时间是科学创造。

　　时间说长很长，说短很短。如今的社会，是一个连接的社会，我们缺的不是物质财富，缺的是时间财富。每个人忙忙碌碌，如何看待我们日益繁复的社交，有一点需要认知：没有门槛的交往是没有效率的，是没有意义的。生活和工作中我们常常认为的

"强势"，是告诉我们要学会果断拒绝日常的无效社交。如何获得高效的时间，对我们有限的人生来说是很有意义的。

移动互联网时代最重要的特征就是人人都是媒体。智能手机也就成了每个人都离不开的电子设备。特别是 2020 年新型冠状病毒感染疫情暴发后更是如此，智能手机和口罩是出门必备，否则寸步难行。数字化的生活是高效的，是便利的，我们正享受着它带来的福利，同时，数字也像病毒一样，慢慢侵占着我的生活，牢牢控制着我们在虚拟的世界里，导致我们深陷其中，无法自拔。

生活在 21 世纪的人是幸福的，而对数字的依赖却让人们变得不幸。看似数字化使生活变得便捷、有条理，却也在某种程度上让事实变得模糊不清。在这样的生活情境下，我们应该使用手机来阅读，来提升我们越来越迷茫的现实生活吗？数字化的生活往往会用集体意识来取代主观感受，用标准而又空洞的数字来诠释人们内心复杂而多变的情感，这恰恰让我们离真实的生活越来越远。数字化的生活让我们得到了太多太多，同时也让我们失去了太多太多。

"在大海中被渴死是可怕的。"数字化生活在带给我们优质的物质生活时，也让我们的精神世界一贫如洗。这个时代学会使用手机的确是管理时间的重要方法，也是我们提升认知的重要方法和路径。

我们能够从里面获得知识，就是在为我们的生命获得了价值。学习很重要，手机可以随时随地各取所需，可以更全面更精准地获得所需的知识，但是这种学习缺少认知和思维框架，所学的知识也是无序的，零散的，更是无用的，更会给你的认知带来更多的困惑。专注思维往往能给你带来财富，专注会让你变得理性，视野更加宽广。我们偏激的思想往往是因为不够专注，专注才能专心，专心才会专业。

当然，我们还要有另外的认知，我们身处的时代，专业化的趋势虽然是合乎逻辑的，是自然的，是可取的；同时我们也要看到我们被剥夺了对世界全面的理解。越来越专业化的理念也滋生了我们个人的孤独感、无用感和困惑感，这样也会导致我们每个人把思考和社会行动的责任留给了他人。专业化理念也会滋生另外的偏见，最终聚合为世界和意识形态的不和谐。

一个人的认知很重要，专业化的知识只能解决生存和生活的问题，但是无法解决人生的问题，我们每个人对这个世界和社会以及对个人要有一个整体性的认知。每个人的时间都一样，但每个人的时间价值是不一样的，成功人士善于利用自己的时间，管理自己的时间。

请珍惜时间，珍惜生命！

有限、无限、永恒：时间的无限，生命的有限

> 吾生也有涯，而知也无涯。以有涯随无涯，殆已。已而为知者，殆而已矣！为善无近名，为恶无近刑，缘督以为经，可以保身，可以全生，可以养亲，可以尽年。——《庄子·养生主》
>
> 敏而好学，不耻下问。知之为知之，不知为不知，是知也。默而识之，学而不厌，诲人不倦。——《论语》

"吾生也有涯，而知也无涯。以有涯随无涯，殆已。"这是庄子他老人家的原话。意思是说，人的一生是可以看到边际的，对认知的对象却看不到边际。用能看到边际的人生去追随看不到边际的认知对象，危险就将要临近了；危险将要临近了，还去追随看不到边际的认知对象，危险已经临身了。庄子这里是想告诉我们，要对无限的知识和有限的生命有所认知，如果要以有限的时光去追逐无穷无尽的知识，生命短短几十载，这样做是大错特错的，无法得到完美的人生。

孔子他老人家也曾告诫我们："知之为知之，不知为不知，是知也。"有时间、有能力知就去知，没有时间、没有能力知就不要执着地去知，这才是真的认知。量力而行才是认知。两位老人都

讲到了这一点，说明他们对人的局限性和有限性都是有深刻认知的。

生命的时间是有限的，生命如何变得比有限长一点呢？如今的时代，我们要自觉地学会付费请别人做事，这可能是拥有更多时间的最佳办法了。这样你就会有更多时间做更多有意义的事情，生命的价值就会活出来。

拖延时间是我们每个人都有的毛病，人人不例外。截止时间往往就是拖延时间的开始点，我们要学会在一定的时间内专注做一件事情。我们每个人都生活在一个流动的边界上，生活中有太多的选择和诱惑，这些都让我们很难专注地做一件事情，却往往会浅尝辄止地做很多事情，这样效率看似很高实则很低，并会给自己带来挫败感。学会不要给你自己短期内定太多的目标，学会知时知止，适可而止，止于至善。

记得给自己的时间要答案：你做了什么？你的产出如何？你该不该做？你该如何改进？你该如何进阶？我们应该怎么办呢？

从实践的层面来看，我们可以从美国天才企业家马斯克身上学到可以借鉴的地方：首先，要学会投入时间专注一个领域，每周至少投入五个小时在学习上；其次，再采取这个原则广泛学习许多不同领域的知识，了解连接这些领域的深层原则和思维模型，将这些思维模型应用到自己的核心专业领域；最后，再将这些概念与我们的生活和世界联系起来，勇敢地在工作中和生活中应用你所学的东西。

自然、功利、道德：人生的三个层次

穷则独善其身，达则兼善天下。——《孟子·尽心上》

初难知，上易知，二多誉，四多惧，三多凶，五多功。
——《周易·系辞传下》

"三十亩地，一头牛，老婆孩子热炕头。""梦想希望永不灭，亲朋好友一大堆。""穷则独善其身，达则兼善天下。"这三句话说出了人生的三个境界：生存、生活和生命。

我们常说，记不住的日子是生存，记得住的日子是生活，感知到的日子才是生命。记录生活的是日历，记录人生的是阅历。不同维度的阶段对时间感知是不一样的。这三个境界恰恰也是世界观、价值观、人生观所决定的。生存属于自然阶段，生活属于功利阶段，生命属于道德阶段。

生存状态是为了活着而活，吃饱穿暖，得过且过；生活状态是为了成长而活，思想意识得到提升，修身养性，成己成人；生命状态是为了分享而活，自己快乐，也使别人快乐，分享智慧，创造价值，回报社会。

认知到这三种状态，我们就能不断反思自己处在什么样的阶段，明白了自己所处的阶段就明白了差距。当我们还在为生存奔忙的时候，我们更需要的是要学会专注一个目标，潜龙勿用。这个时候不要过多地遇见贵人找贵人帮扶帮助。

《周易》告诉我们："其初难知，其上易知。"办事早期，实力再强，项目再好，因为没有名气，也无法让他人毫无疑问和悉知。"潜龙勿用"，是生存状态早期的方法。我们常常遇到的情况是，你需要做一件事，四处跟别人说，很多人只会以"心疼你"之名来说服你。往往在办事的过程中，如果你觉得艰苦，有的人会鼓励你；有的人，可能会暗暗嘲笑你。日常生活中，你需要戒烟戒酒，身边总有人劝你抽烟喝酒。自己的生命自己做主：我只做与之相关的事情，无关的人和事，真的与你无关。时间一久，你的生存状态一定会大有改观。人之所以为人，更重要的一点是通过思想和意识的自我反省，使身体和思想不断进化和提升。

人无远虑，必有近忧。我们不能为了活着而活着，过着得过且过的日子，那是苟且，没有诗与远方。生命是你的，但是生命的支配方式是别人的。生存是艰难的，特别是处在社会底层的人，因为掌握的技能不多，没有可以进修和学习的机会，混迹于社会，全凭机灵世故，靠的是祖辈福荫，吃的是粗茶淡饭。他们对过日子没有概念，因为时间是漫长的，时间是受煎熬的。

生活就是过日子。日子就如电视剧《芝麻胡同》里唱的那样："都说人生漫漫，日子多不过芝麻一碗；都说人生百态，家家绕不过柴米油盐。芝麻小事堆成日子，十有八九都不简单。谁不是操碎心跑断腿，尝遍人生冷暖才能熬到云开雾散。芝麻小事铺成人生，十有八九都像高山，谁不是低着那头弯着腰，深一脚浅一脚才能走到花好月圆。芝麻人生人如芝麻，粉身碎骨才能压出油，拔高心气儿才能开出花。"日子里因为有追求和梦想，才能在每一天里都在想去改变、提升自己，这种改变有环境的影响，有自身修养的影响。

人世间，任何改变都伴随着痛苦，也伴随有煎熬和折磨，同样也伴随有美好，守住不变方能应对各种变化。生活是美好的，生活也是充满不确定性的，有无常，有日常，美好生活，就是我们的美生活，好生活。

生活，生下来，活下去。生下来活下去首先要学会生存，一技之长谋取衣食，有了衣食才能谈理想和信仰，也才有所谓的艺术，也才懂得修身养性。

生命的意义是用慈悲心去创造和感恩，生活的本质是用智慧去提升意识，生存的意义是用知识积极活下去。生存之苦，苦于奔忙；生活之苦，苦于算计；生命之苦，苦于争夺。我们该有一个什么样的人生呢？

"极高明而道中庸"，正是中国人的理想生活。所谓"极高明"说的是人的境界；"道中庸"说的是人的日常言行。古代儒家哲学所追求的理想生活，是超越一般人的日常生活，而又即在一般人的日常生活之中。

我们该如何成为一个智慧的人呢？谦虚谨慎，旁观者清，达成妥协，能在日常生活中做到这三点，那你就是一个智慧的人。

正所谓：事遇快意处当转，言遇快意处当住。

昨天、今天、明天：人生三天的密码

昨日今昨日，昨日何其少！昨日过去了，今日徒烦恼。世人但知悔昨日，不觉今日又过了。水去汩汩流，花落知多少。成事立业在今日，莫待明朝悔今朝。——文嘉《昨日歌》

明日复明日，明日何其多；我生待明日，万事成蹉跎。世人若被明日累，春去秋来老将至。朝看水东流，暮看日西坠，百年明日能几何，请君听我明日歌。——文嘉《明日歌》

昨日之非不可留，留之则根烬复萌，而尘情终累乎理趣；今日之是不可执，执之则渣滓未化，而理趣反转为欲根。

——《菜根谭》

人的一生从观念来看似乎只有三天，昨天、今天和明天。昨天已成过去，明天还没有到来，我们只有今天。今朝有酒今朝醉，每日没酒喝凉水。话里虽然有些看似消极，实则道出了生命的无明、无奈和无解。小时候我们拥有最多的是明天，老年后我们拥有最多的是昨天。

明天里充满希望、梦想和期待；明天是神秘的，明天藏着宝藏，藏着机遇，藏着奇迹；明天是理想、幸福的乐园，明天也许是我们小时候希望的全部意义。没有明天，昨天没有意义，没有明天，今天就成了尽头。

昨天里有财富，有知识，有思想，有智慧；昨天是历史，有成功，有失败，有光荣，有耻辱，有经验，有教训，有萎靡，有辉煌。昨天是一面镜子，可以照见人间的是非、善恶、美丑。昨天让我们明白了如何对待死亡，让我们明白了如何获得新生，昨天让我们学会了回忆，学会了思考，学会了珍惜，学会了奋进，学会了取舍，更让我们懂得了生死的内涵。

今天是短暂的，是飘忽不定的，是变化无常的，是稍纵即逝的，是浮躁不安的。今天也是最现实的，最明朗的。没有今天也就没有金色的昨天，也就没有了可能灿烂的明天。昨天让我们回忆，今天让我们珍惜，明天给我们希望。

中央电视台春晚小品《昨天 今天 明天》曾经给我们留下了深刻的印象：人越来越老了，余下的时间也越来越少了，过去论天过，现在就应该论秒了。触动了我的心，让我想起了遗忘的过去，奋斗的青春，还有那难以挽留的光阴，最美的年少岁月，就这样不经意匆匆地溜走了。

朱熹《偶成》写道："少年易老学难成，一寸光阴不可轻；未觉池塘春草梦，阶前梧叶已秋声。"光阴似箭，岁月如梭，一个朝代的更替，一个季节的流逝，一段岁月的蹉跎，春夏秋冬，一年四季，转眼已是几度轮回。正如一位作家所说，世界上最快又最慢，最长而又最短，最平凡而又最珍贵，最易被忽视而又最令人后悔的就在昨天、今天、明天的时间里。

记得有个段子说出了人生三天的密码：昨天，腰里三把刀，智慧、才华和心算；身上三把剑，掌局、判势和金口玉言；命里三张弓，听力、看力和说力；运里三支箭，看人断事的识别能力，语出成章的表达能力，听声猜事能看人的分辨能力，今天是否刀刃开，剑出鞘，箭上弦。这里的"三把刀、三把剑、三张弓、三支箭"说出了没有昨天的各方面准备，就不会有今天的"刀刃开，剑出鞘，箭上弦"，更不会有明天的"一曲笑傲江湖，仗剑走天涯"。昨天的曲，今天的梦，那明天也就剩下想象了。

昨天让我们要知道过去，今天让我们要明白现在，明天让我们要了解未来。孔子有云：成事不说，遂事不谏，既往不咎。我们需用未来的方法来解决今天的问题，而不能用昨天的方法来解决今天的问题。非常乐观，非常悲观，都是因为没有看清楚未来。

今天努力去改变时间，创造自己，明天都将是一个神话。无论是对是错，是真是假，无论是你的自以为是，还是人生的漫不经意，我们的今天都需要努力把握。过去是一个时间，未来是一个传说，而今天，必须珍惜自己，感悟自己，活好自己。俗话说，活儿好，生命就能活好。

观察昨天，别轻易下结论；坚守今天，不能在一片混乱中随波逐流；等待明天，不要急，要有耐心。

古人云：昨日之非不可留，留之则根烬复萌，而尘情终累乎理趣；今日之是不可执，执之则渣滓未化，而理趣反转为欲根。

自强者把握今天，无知者叹息昨天，莫明者坐等明天。

公平、公正、公开：碎片化时间，整体化人生

经典回望

人平不语，水平不流。——《增广贤文》

平而后清，清而后明。——司马光《盘水铭》

言非法度，不出于口，行非至公，不萌于心。

——《艺文类聚》

大其牖，天光入；公其心，万善出。——方孝孺《杂铭》

人为善，福虽未至，祸已远离；人为恶，祸虽未至，福已远离；行善之人，如春园之草，不见其长，日有所增；作恶之人，如磨刀之石，不见其损，日有所亏。——曾子

随着移动互联网 AI 智能时代的步伐越来越近，似乎好的内容和知识获得越来越容易，也越来不感到缺乏，一个知识信息的"各取所需、按需分配"的共产主义时代突然来临了。如果我们没有养成好的阅读习惯、培养深度思考的能力，我们就很难将碎片化却高质量的信息"为我所用""占为己有"，也很难拥有整体化的人生。

每天我们都在接收来自互联网上各方的碎片化信息，也有很

多来自"权威"和"意见领袖"的信息，让我们目不暇接。成功不可复制，失败有迹可循。如果我们缺乏对表面内容的价值判断和理性思考力，我们一定只会人云亦云。没有自己洞见的人，最终只会埋没于茫茫人海。

移动互联网上的碎片化信息通过连续的新鲜内容，让我们只需要付出很少的时间和精力，就可以似乎处在一个每天都在学习"新知识"的自我以为的喜悦中。其实，这些碎片化信息往往只告诉你表面上的东西，却不会告诉你背后的原理；彼此的信息之间又缺少富有逻辑的"联系"，难以被有效"提取"和"利用"，来得容易去得也容易。只是我们自以为地得到了而其实什么都没得到的无效的信息。

在这个信息碎片化时代，我们该如何保持深度思考能力呢？首先，要懂得运用逻辑能力；其次，要运用联想"无关"的能力，使得看似毫无关系的碎片化信息用思维粘贴起来，从而获得某种关联；第三，养成敢于批判思考的思维习惯，因为这是倾向以审慎的态度思虑议题和解决难题的，它要求对理性进行探索，并对逻辑推理的方法有所认识，并有技巧地运用这个思考方式。

整体化的生命是由碎片化时间组成的，我们的一生很零碎，正是这样的有时间碎片和生命意义的时间过程，有的有目的，有的无目的。世界上最不公平的资源是空间，最公平的资源是时间。当我们的一生面对这些公平和不公平的时间和空间时，我们的心就产生了爻动，这样的爻动也就成就了我们每个人的喜怒哀乐和岁月无常。

我们的生命越来越碎片化了，越来越片段化了。如何才能拥有一个整体化的人生呢？学会管理碎片化时间、碎片化阅读、碎片化交往、碎片化生活，只有把每一个碎片有序地整理在一起，才能编织好我们的整体化人生。

哈佛大学有一个著名的理论：人的差别在于碎片化时间的利用，而一个人的命运决定在早晨6点到8点、晚上8点到10点两个时间段，每天利用这些时间来学习，你会发现，你的人生正在发生改变，不说一定成功，失败可能正在远离你。突然脑子冒出一句中国古代类似的话："人为善，福虽未至，祸已远离；人为恶，祸虽未至，福已远离。"

我们都知道这样一个道理：一个装满石块的瓶子，其实并没有满，你还可以继续加入沙子，装满沙子之后，还可以继续加入水。空瓶就是我们每天拥有的时间，石块是我们日常中的时间，石块的缝隙往往被人忽略了。

如今移动互联文明时代，我们平均每天花在手机上的时间少则五六小时，查资料、刷时政、看八卦、看书、听书、学习……似乎只要拥有一个手机，我们就能无所不知。事实并非如此，为什么你每天花了这么多时间你还如此焦虑？为什么花了这么多时间我们的认知还是很有限？知其然而不知其所以然，是我们这个时代最大的问题。

每个人睁眼第一件事就是阅览手机，直到阅览到昨天放下手机的那个时间才算是结束；上班的路上手机上逛街，女生包包衣服鞋，男生游戏八卦乐，似乎没有社交软件的干扰，我们的人生一片空白。在今天这个信息高速发展、不断变化的世界，需要升级的不是我们的电脑和手机，需要升级的应该是我们的认知，不然我们必将成为机器设备的奴隶。

我们多数人所谓的烦恼，不过是迷失了自我，不过是在每天的娱乐八卦中迷失了自我。忙着上班，忙着加班，忙着带娃，忙着聚会，忙着旅行，忙到年底时才会发个朋友圈，感叹一下，算是反思了；第二天又回到了原来的样子，一样没时间去学习。

我们每天有很多规划、实战和时间计划排得满满，大事小事，似乎我们每一天每一件事都很紧急很重要。何谓小事？何谓大事？我们很少想这个问题，其实每天忙的都是鸡毛蒜皮的事。人生本质上来说，除了生死没有大事。

正如电视剧《安家》有句台词说得很好：所有的小错误都是大事故的源头，莫因错小而为之。谋事在天，成事在人，是大事；谋事在人，成事在天，是小事。大事就是天命，找到天命，遇见天命，就是你的大事，抓住它朝前走就可以了。

走出自己的怪圈，跳出自己的观念，我们太多的人是读书太少而想得太多。杨绛先生的话告诉我们说："读过书的人，特别是读过好书的人，内心深处总觉得多看书是件快乐而且重要的事。"

请一定要相信：你有你的精心筹划，世界一定另有安排。

第二辑

美好生活

内省、从容、等待：生活中的礼和乐

经典回望

非礼勿视，非礼勿听，非礼勿言，非礼勿动。

——《论语·颜渊》

心兮本虚，应物无迹。操之有要，视为之则。蔽交于前，其中则迁。制之于外，以安其内。克己复礼，久而诚矣。

——程颐《视箴》

所谓的古代礼乐制度就是礼遇和生活方式；遇上礼，遇上好的生活方式，就能遇见生命的美好，是为活好。

齐之以礼，成之以德，成之不已，是中国传统文化中的核心智慧。礼是什么呢？礼是你好、我好、大家好的经验之集大成的归纳总结。

中国人的学识体系更多的是经验总结传承，与西方的科学逻辑推理有很大不同。礼，能和谐人与人之间的关系，但它不是从人性、人的心理上推断归纳出来的，而是纯经验的积累修正。

中国古代的"诗"和"乐"是教化人心的文化、手段和方法。乐是一种自我表达，是用来调剂人的情绪和性情的，是古代社会文化不可缺少的重要部分。《礼记·乐记》中说："凡音之起，由人心生也，人之心动，物使之然也。感于物而动，故形于声；声相应，故生变；变成方，谓之音；比音而乐之，及干戚羽旄，谓之乐。"《反经》中的"养失而泰，乐失而淫，礼失而彩，教失而伪，伪泰淫泰，非所以范人之道"，告诉我们每一件事都有"反"的一面；《论语·泰伯》曰："兴于诗，立于礼，成于乐"，告诉我们古代伦理学体系视"乐"为道德修养的最高境界，这也展现了中国古代伦理体系中审美与道德的统一。

无论是作为心理现象用于表示快适之情感的"乐"，还是作为"音乐"的"乐"，都在古代伦理体系中占据着重要的地位。在古代，"君子"与"小人"之"乐"是不同的。"君子"之"乐"是作为至善的道德目标，"小人"之"乐"是被斥为"恶"的纵欲之流。《荀子》有云："乐者，乐也。君子乐得其道，小人乐得其欲。"

犹太哲学家维特根斯坦在《逻辑哲学论》中有这样一句话说得很好："即使你掌握了所有知识，其实生活问题还是尚未触及。"猛一看有道理，仔细一看更有道理。西方哲学是知识哲学，理性哲学；中国哲学是人生哲学，是感性哲学。我们的生活是理性的，也是感性的。有时候有理性，有时候有感性；有时候理性中有感性，感性中又有理性。人生很复杂，哲学很简单；哲学看本质很简单，生活看起来很复杂，其实更多是现象。

生活中的礼在中国人这里是伦理，我们的人生都是在礼上展开的，离开了这个礼，很多事情就会不自由也不自在。中国人喜欢讲理，这个理可不是道理，他讲的就是伦理。这是中国人的人情世故，理解了它你的人生肯定不一样。东方人喜欢面子，获得面子都靠里子；西方人喜欢里子，获得里子都靠面子，正好相反。

所谓生活就是生死之间活着而已。生死都很简单，只有活着才是最不容易的。余华叹人生写出了《活着》，莫言叹人生写出了《生死疲劳》，叹的都是人生不易。生活中的伦理教会我们在生活中要学会克制，这一点东西方文化都是一样的。梵高的一个小故事可以给我们很多启示。

梵高在成为画家之前，曾到一个矿区当牧师。

有一次，他和矿工一起下井，在升降机中，他陷入巨大的恐惧中，颤抖的铁索在轧轧作响，箱板在不停地左右摇晃，所有的人都默不作声，听凭这台机器把他们送向一个深不见底的黑洞；但是，梵高注意到有一位老矿工神态自若，像没事人一样，事后，他悄悄地问那位老工人："您是不是已经习惯了？"这位坐了几十年升降机的老工人却回答说："不，我永远不会习惯，永远会感到害怕，只不过我学会了克制。"

梵高牢牢地记住了老矿工的话，在后来的绘画生涯中以坚韧的毅力抵制了上流社会名利场的诱惑，抵制了挫折、失败、冷落和病魔等逆境的干扰，潜心创作出不朽之作，成为著名的印象派绘画大师。

这里还有一个关于如何抓住机遇的故事：

一天，国王乔治三世到乡下去打猎，中午时他到一家小饭店去吃饭。国王并不饿，所以只吃了两个煮鸡蛋。待他吃完，店主拿来了账单。

看了账单，国王感到很吃惊："两个鸡蛋竟然要两英镑，鸡蛋在这儿一定很稀有吧？""不，陛下，"店主说，"鸡蛋并不稀有，国王才稀有，价格要和您的身份相称。"店主的话妙不可言，乔治三世无话可说，只好照单付了账。

由此我们可以想到：善于利用机遇，便可得到更多的财富。

对我们的人生来说，克制有时是一份内省，有时是一份从容，更是在匆忙中学会等待，在等待中寻找机遇的一份成熟。

靠岸、靠近、离岸：你的人生你应该做主

昨夜星辰昨夜风，画楼西畔桂堂东。身无彩凤双飞翼，心有灵犀一点通。——李商隐《无题》

杨柳青青江水平，闻郎江上唱歌声；东边日出西边雨，道是无晴却有晴。——刘禹锡《竹枝词》

去年今日此门中，人面桃花相映红；人面不知何处去，桃花依旧笑春风。——崔护《题都城南庄》

从一个养花的事情说起吧。我曾经在房间里面养过两次发财树，按照卖花的人说，发财树适合懒人养，适合阴凉处养。就按他说的，一个月浇上一矿水瓶的水，就这样坚持了半年，发财树还是叶黄落叶，渐渐也不行了，生命力很弱了。后来我索性不管它了，把它搬到院子里，顺其自然吧。就这样过段时间，这棵将死的发财树竟然开始长出新芽来了，经过几个月后越发茂盛。如今半年过去，不管它，不理它，一棵茂盛的发财树很是喜人。

从这里可以想到，其实每一个生命都是一个系统，过多地干扰都会让它不得其自然生长，我们人何尝不是如此呢？你想成为什么样的人你就能成为什么样的人，如果我们成为别人希望的样

子，就会很难成为自己的样子。发财树如此，我们也如此。

你的生活圈子可以影响你的认知层级，你的认知层级反过来也会影响你的生活圈子，二者恰恰影响你的一生。

只有学会把更多的心思放在工作上，你的收入才能快速增长。我们很多人工作的时候往往会心不在焉，关注一些工作之外的事情，工作变得不专业，有时候更显业余。

中国古代命理学认为，人与人之间有这样几种状态：纠缠态、叠加态、排斥态，这样的结论恰恰和量子科学的"波粒二象性"有点类似，真的很神奇。譬如，我们在一个单位里，有一部分人不论你是否做得好还是不好，他都会永远支持你，这属于一种纠缠态；还有一部分人不论你做得好还是不好，他都会永远反对你，这属于一种排斥态；剩余的大部分人，你做得好就支持你，做得不好他就反对你，这属于一种叠加态。这样的现象和量子的"波粒二象性"非常相似。我们的一生，最后陪我们到老的基本是纠缠态，只有真情的纠缠才会走到最后。从参加工作到退休这个过程中产生的有些所谓纠缠，都是源于功名利禄的纠缠而产生的。这些有些强有些弱，随着功名利禄渐渐远去，由此产生的纠缠也就远去了，缘分也就没了。其实本质上是被背后的功名利禄产生的吸引力没有了。

当一个阶段后，该靠岸的靠岸了，该靠近的也靠近了，该离岸的也一定要离岸，我们不要拖延时间，更不要犹豫不决。

关于量子纠缠的话题，我们从中国古代诗词中能找到很多这样的例子，这里从几首关于"昨夜"为时间轴的诗词来理解一下。量子纠缠具有纠缠性、排斥性和叠加性三种特性，由三种特性而带出了"秩序与不确定性"的量子特征，由此也让我们想到关系的"秩序与不确定性"之间的各种纠缠。

"昨夜雨疏风骤，浓睡不消残酒。试问卷帘人，却道海棠依旧。知否，知否？应是绿肥红瘦。"李清照《如梦令》中的情与景、人与情、景与境、人与花的纠缠；

"昨夜西风凋碧树，独上高楼，望尽天涯路。欲寄彩笺兼尺素。山长水阔知何处？"这是晏殊《蝶恋花》中的有我与无我、天地与人生、人与景、人与己的纠缠；

"春花秋月何时了？往事知多少。小楼昨夜又东风，故国不堪回首月明中。"这是李煜《虞美人》中的时间与空间、昨天与今天、春风与明月、此情与此境的纠缠；

"昨夜星辰昨夜风，画楼西畔桂堂东。身无彩凤双飞翼，心有灵犀一点通。"这是李商隐《无题》中的昨夜与星辰、画楼与桂堂、东与西、彩凤与灵犀的纠缠，所谓的"心有灵犀一点通"说的就是人与人之间的关系纠缠效应，中国文化常称之为"心灵感应"或"第六感觉"。

古代类似的古诗词很多，譬如，苏东坡的"横看成岭侧成峰，远近高低各不同；不识庐山真面目，只缘身在此山中。"刘禹锡的"杨柳青青江水平，闻郎江上踏歌声；东边日出西边雨，道是无晴却有晴。"崔护的"去年今日此门中，人面桃花相映红；人面不知何处去，桃花依旧笑春风。"写的也是天地人生的激情、悲情和柔情与天理、事理与情理的纠缠效应而已。这也许就是经典成为经典的原因吧。

纠缠、叠加、排斥：遇见你的缘分

经典回望

风住尘香花已尽，日晚倦梳头。物是人非事事休，欲语泪先流。闻说双溪春尚好，也拟泛轻舟。只恐双溪舴艋舟，载不动许多愁。——李清照《武陵春·春晚》

少年不识愁滋味，爱上层楼。爱上层楼，为赋新词强说愁。而今识尽愁滋味，欲说还休。欲说还休，却道天凉好个秋。
——辛弃疾《丑奴儿·书博山道中壁》

少年听雨歌楼上，红烛昏罗帐。壮年听雨客舟中，江阔云低、断雁叫西风。而今听雨僧庐下，鬓已星星也。悲欢离合总无情，一任阶前、点滴到天明。——蒋捷《虞美人·听雨》

我们工作和生活中常常会出现三种人：支持你的人，反对你的人，既不支持也不反对的人。学会分清身边的这几类人需要提升对缘分的认知。你不可能让所有人都满意，总有人喜欢你，也总会有人不喜欢你。别人不喜欢你，也不代表你不好，不用放在心上，做自己就好了。这是生活的真实和真相。

事实上，就算"天地不仁，以万物为刍狗"的天地，也无法让所有人都满意。一阵风雨一场梦，花开花谢情更浓，有人欢喜，有人惆怅。工作中遇到不喜欢自己的同事，从自己身上找原因固然重要，但也不必一味地质疑自己，否定自己。很多时候，不是你不够好，而是你们之间没有纠缠，有的只是排斥，气场不合罢了。

遇见是一种缘分，可能是纠缠，可能是排斥，也可能是叠加。无论是分还是合，无论是离还是见，无论是哭还是笑都是缘分。虽然不像张爱玲所说的那样浪漫，但也有心里深处的感动：于千万人之中遇见你所遇见的人，于千万年之中，时间的无涯的荒野里，没有早一步，也没有晚一步，刚巧赶上了，那也没有别的话可说，唯有轻轻地问一声，噢，你也在这里吗？

说长不长，说短不短的一生里，行走在平凡的日子里，无数的遇见都会让我们遇到各式各样的人。缘起缘尽，缘生缘灭，没有理由，说不清，理还乱；偶然必然，皆由天定。

如今的时代，成年人的崩溃歇斯底里，孩子们的倒塌悄无声息。每个成年人的世界里都有一堆下酒的故事，每个孩子的世界也有过为赋新词强说愁的惆怅；每个人都有过脆弱不堪的时光，每个人也有过刀枪不入的岁月。内卷时代最需要的是诚其意，正其心，认识到自己的平凡和普通。我们身边有太多太多的人，一生拼尽了全身力气，到最后也只活成了一个普通人。人这一辈子，百分之九十九的人百分之九十九的可能都是平凡和普通的，只有安于平凡和普通，才有可能不平凡和不普通。这句话虽然很残酷，但很真实。

这里说一个关于佛教的故事，其中道出了缘分的本质。这个故事发生在寺院里。春天来了，寺院的院子里还是一片枯黄，师父让小和尚准备一些种子。小和尚问师父什么时候撒种，师父回答："随时，随时。"到了春天，总是刮风，小和尚撒的种子有一些被风吹走了，小和尚慌了，对师父说："不好了，不好了，好多种子都被风吹走了。"师父说："那些被风吹走的种子多半是空的。随性，随性。"夜里下了一场不小的春雨，清晨小和尚着急地对师父说："师父！许多种子都被雨水冲走了。"师父说："冲到哪里都会发芽的。随性，随缘。"一个星期过去了，枯黄的草下面泛出了绿意，种子长出翠绿的小苗。小和尚高兴地跑去告诉师父，师父说："随喜，随喜。"

随时、随性、随缘、随喜，这里随的都是自然之道，守的都是一种秩序。在这个故事中我们要向师父学习。这里的心就是本心，这里的心就是明心，这里心也是静心，这里的心也是正心，这里的心更是道心。

一场漂泊的生命旅程，每天的遇见都值得珍惜，遇见生命，遇见友情，遇见亲情，遇见生活，遇见事业，遇见爱情。生命有涯，时间无涯，没有早一步，也没有晚一步，量子纠缠就在那无法理解的刹那间。

自强、厚德、谦谦：当我们的生活不如意时

经典回望

乾卦《象》曰：天行健，君子以自强不息。
坤卦《象》曰：地势坤，君子以厚德载物。
谦卦《象》曰：谦谦君子，卑以自牧也。——《周易·象传》

当我们遇到生活不如意时，一是阅读，好书可以帮你提升力量和抚平伤口；二是欣赏音乐，特别是要听无标题音乐，不要去听带歌词的流行音乐；三是观看收藏还没有来得及看的一些励志的电影和电视剧，譬如《阿甘正传》《肖申克的救赎》《理想之城》《三十而已》都能给我们一些启发和慰藉。

阅读一本好书，观看一部好电影，总会有不同的收获，领悟不一样的道理。《肖申克的救赎》就是一部很好的电影，它告诉了我们几个简单而真实的道理。

首先，无论新入单位还是换单位要学会快速适应新生活，熟悉周围的环境，人生要有希望。肖申克监狱每一个刚进来的囚犯，面对失去自由的生活，会变得疯狂无比，失去自我。而安迪初入狱时并没有这种失控的表现，他把注意力转移到牢房的墙上、监狱的结构和周围的环境中。他能忍、能适应，有想法，心存希望，

渴望自由。经过二十年的坚持和努力，他成功越狱，获得了自由，实现了希望。

第二，一门稀缺技能让你的价值比有钱更重要。安迪能够成功越狱，看似充满了幸运，其都是努力积累的结果。安迪掌握了监狱无人通晓的稀缺技能，给监狱长及狱警带来利益好处。凭借这样的稀缺技能，他变成了监狱长和狱警眼里的香饽饽。当然，最重要的是他利用钱财和一技之长，疏通了狱警，让贴在墙上的美女海报没有被狱警动过。有的人在工作岗位上呼风唤雨，一旦离开工作岗位则是人走茶凉，变得毫无价值；而有的人，除了工作本身，也在为他积累资源和价值，即便当他离开时，只要有技能在身，资源藏身，价值傍身，他依然备受欢迎。

第三，有时候利益面前是没有真相的。安迪是有机会为自己翻案的，然而，监狱长磨灭了他的希望。他渴望监狱长能相信他，帮他平反，哪怕给再多的报酬也在所不惜。然而，监狱长却给出了"不可能，拖出去"的答复。两个月的小黑屋，彻底断了安迪平反的念想。安迪是无辜的，明明真相就在眼前，明明可以平反，明明可以重获自由，却被监狱长给无情地毁了。这个世界上，在利益面前，并不是所有的人都会为你着想，即便你蒙受冤屈，即便你受尽委屈，只要符合他人的利益，永远没有真相大白的一天。

第四，即使命运很无奈，也永远不要自我放弃。安迪被指控谋杀罪判处无期徒刑，他想辩解却没有任何机会，被冤枉而锒铛入狱，曾经春风得意的银行家，一夜之间成为了阶下囚，人生瞬间跌入低谷。但是安迪没有放弃自己，依然心怀希望。老子有讲，胜人者有力，自胜者强。现实中，生活难免磕磕碰碰，人生不如意十有八九，也会经历各种各样的挫折，抱怨者、自我放弃者比比皆是，但是，谁的命运又是一帆风顺呢？成功的背后，谁又不是头破血流呢？

第五，希望永远都在，唯有坚持才能有胜利的一天。希望也许是世间最好的事情，并且从来就不会逝去。安迪给了自己希望，也给了他人希望。当他被派去当监狱图书馆当管理员后，为了争取图书馆的图书更新，他每周向官方写信申请监狱图书馆经费。六年后，他实现了愿望，申请了足够的经费为监狱建起了最好的监狱图书馆。新的图书馆改变了狱友们的生活，帮助他们取得了学历文凭，让他们获得了新生。在监狱的墙上挖洞，别人用一百年完成的事情，他用二十年就实现了。二十年，多么漫长的时间，需要的恰恰是勇气、毅力，会有几人能坚持到最后呢？任何时候，我们的人生从来不会一步登天，一蹴而就，只有脚踏实地、锲而不舍，才有机会靠近成功的彼岸。

《理想之城》是一部现代都市电视剧，讲述了三个年轻人的奋斗故事，三个年轻人的背后其实是讲述了儒释道文化的三个角色投射。女主角苏筱讲述的是一个入世的儒者形象，坤者乾道；夏明描述的是一个出世入世的道者形象，乾者坤道；吴红玫描述的是一个出世的释者形象，谦谦君子，慈悲之道。乾为正，坤为德，谦为中，这三个形象是中华文化的核心智慧：自强不息，厚德载物，谦谦君子。

阴阳、刚柔、仁义：中国智慧的力量

经典回望

立天之道，曰阴与阳；立地之道，曰柔与刚；立人之道，曰仁与义；兼三才而两之，故《易》六画而成卦。——《周易·说卦》

三才者，天地人。三光者，日月星。三纲者，君臣义。——《三字经》

我有三宝，持而保之，一曰慈，二曰俭，三曰不敢为天下先。慈，故能勇；俭，故能广；不敢为天下先，故能成器长。——《道德经·第六十七章》

"天有阴阳，地有刚柔，人有仁义。"中国人的生命智慧都藏在了两部经典里面：一部《周易》向我们讲述了自然阴阳，一部《道德经》向我们讲述了人生阴阳。至此中国人便有了人生阶段性的座右铭：达则兼济天下，穷则独善其身。

《周易》和《道德经》谈的都是道，正所谓：道是宇宙的德，重在悟；德是人间的道，重在行。对我们的人生这两部书又能给我什么样的智慧呢？

《周易》有三卦从天地人三才之道给我们太多的启示。

"天行健，君子以自强不息。"这是在告诉我们要向天学习。

中华文明上下五千年，一脉相承，源远流长，自伏羲"一画开天"始，"易"文化的根源便产生了。《周易》思想传承千年，已经深入我们的生活，不知不觉，根深蒂固，可谓是"百姓日用而不知"。这种思维就是阴阳思维，整体思维，是非常高级的思维模式。

人在不同年龄阶段的定位是不同的，而又是承前启后相互衔接密不可分的，因而又是不能随便超越的。人生的每个阶段都有每个阶段的天命，"天命之谓性，率性之谓道，修道之谓教。"聪明的人，总是善于养精蓄锐，并且默默等待时机，一旦机会来了，必然能因时而进，创造出一番事业。乾卦其六爻皆阳，潜龙、见龙、惕龙、跃龙、飞龙、亢龙，就像六条巨龙，群龙无首，代表着天地万物的变化规律。读懂了乾卦，我们也就读懂了我们的人生。

"地势坤，君子以厚德载物。"这是在告诉我们要向地学习。指的是大地的气势宽厚和顺，君子应增厚美德，容载万物。这句话出自《周易·坤卦》，这也是坤卦的主旨：做人要追求大德智慧。积淀成这样的大德智慧要经历坤卦的六德：扫霜之德、直方大之德、含章之德、括囊之德、黄裳之德、避战之德，方能成就厚德之功。

这里每一德的养成都需要对自己的所处环境有所认知。天生我材必有用，没有错，但是凡事永远是有阴就有阳。有些问题，有的是你可以解决的，有的是你解决不了的；有的明明你可以解决，可是你却不能去解决，因为轮不到你。一切都在变化，没有人能够百分之百完全掌握，就是因为阴中有阳，阳中有阴。

"谦谦君子，知止无咎。"这是在告诉我们要向圣贤君子学习。

在这个复杂多变的社会里，人的心越来越浮躁了，浮躁就会让人变得得意忘形。得意忘形就会让我们失去很多。为了让鲜花常伴于我们身边，让事业不断前进，我们需要学会谦逊谨慎，虚怀若谷。

古语说的"谦受益，满招损"，便是来自于此。《周易·序卦》曰："大有者不可以盈，故受之以谦。"《周易·谦卦》说出人生的背后逻辑：一个人只要能够保持美好的谦德，做人谦虚，对人谦让，不与人斤斤计较，对自己是很有利的。

不管遇到什么问题，什么阻碍，只要谦虚礼让，放低姿态，凡事都可以化解。谦卦告诉我们，天外有天，人上有人，在任何场景做什么事，都要顾虑别人的感受，约束好自己。谦卦包含两层含义，一是谦虚，待人接物不狂傲，平易近人；二是谦让，不与别人针锋相对，谦让容人。居功而不自夸，先人后己；谦虚可以使百事顺利，但谦虚并不是人人都能坚持下去的，只有君子才能坚持到底。

记得有个这样的小故事，说的就是把自己放低的道理。

一个满怀失望的年轻人千里迢迢来到法门寺，对住持释圆和尚说："我一心一意要学丹青，但至今没有找到一个令我满意的老师。许多人都是徒有虚名，有的画技还不如我。"

释圆听了，淡淡一笑说："老僧虽然不懂丹青，但也颇爱收集一些名家精品。既然施主画技不比那些名家逊色，就烦请施主为老僧留下一副墨宝吧。"

年轻人问："画什么呢？"

释圆说："老僧最大的嗜好，就是爱品茗饮茶，尤其喜欢那些造型流畅古朴的茶具。施主可否为我画一个茶杯和茶壶？"

年轻人听了，说："这还不容易。"于是，铺开宣纸，寥寥数笔，就画成了一个倾斜的水壶和一个造型典雅的茶杯。那水壶的壶嘴正徐徐吐出一脉茶水来，注入到那茶杯中去。年轻人问："这画您满意吗？"

释圆微微一笑，摇了摇头，说："你画得是不错，只是讲茶壶和茶杯的位置放错了，应该是茶杯在上，茶壶在下啊。"

年轻人听了，笑道："大师为何如此糊涂？哪有茶杯往茶壶里注水的？"

释圆听了，说："原来你懂得这个道理啊！你渴望自己的杯子里能注入那些丹青高手的香茗，但你总是讲自己的杯子放得比那些茶壶还要高，香茗怎么能注入你的杯子呢？涧谷把自己放低，才能得到一溪清泉；人只有把自己放低，才能吸纳别人的智慧和经验啊。"

年轻人思忖良久，终于恍然大悟。

《道德经》第六十七章曰："我有三宝，持而保之，一曰慈，二曰俭，三曰不敢为天下先。慈，故能勇；俭，故能广；不敢为天下先，故能成器长。"这里面恰恰道出了我们的世界观、价值观和人生观。慈，慈悲也，仁慈也，慈爱也，大道也，是一种世界观。做人要常怀仁慈之心，举手投足皆是善行。

每个没有真正修养的凡人都是生活在善恶是非之中，善念多则行善多，行善多则阳气多，阳气壮则身轻体健。孔子所说的"仁者寿"就是这个道理。俭，心俭、行俭、生活俭，是一种价值观，志闲而少欲心安而不惧，是为心俭；无妄念、不妄作、妄作凶，是为心俭；保持服饰、风俗的简化让人简朴是为行俭。

《黄帝内经》曰："美其食，任其服，高下不相慕，其民故曰朴。"简朴可以给人带来平凡平实，不会招人嫉妒攻击，合其光、同其尘便是此意。不敢为天下先，是一种人生观，不露锋芒、不争不夺、谦和卑下；不敢不是不能，能不能是实力，敢不敢是心态，实为不敢先天下之乐而乐，不敢先天下之富而富。

老子的"慈"能让我们包容关怀一切，老子的"俭"能让我们节制欲望，凡事不能过度，老子的"不敢为天下先"能让我们避免过度的争来争去。"人贵大患若身，外其身而身存，后其身而身先，及至无身何患之有。"老子是说我们不要将自己处处放在前面，要学会功成身退，不邀功，不自赏，无为而无不为。

力量、能量、气量：孤独的力量

经典回望

道也者，不可须臾离也；可离，非道也。是故君子戒慎乎其所不睹，恐惧乎其所不闻。莫见乎隐，莫显乎微，故君子慎其独也。——《中庸》

吾日三省吾身：为人谋而不忠乎？与朋友交而不信乎？传不习乎？——《论语》

人生的力量，始于独处。古人说，君子慎独，吾日三省吾身。人与人的关系往往是这样的过程：始于颜值，敬于才华，合于性格，久于善良，终于人品。

人品永远是最好的通行证，踏实靠谱才能走得更远。电视剧《理想之城》有这样一个剧情，说的是，天成公司陈主任曾给苏筱挖过一个大坑，暗示合作的供应商趁苏筱去工地时，偷偷地往她的包里塞了十万块钱，然后又向集团公司匿名举报苏筱贪污受贿。如果苏筱不及时上交这笔钱，那就真的百口莫辩。好在苏筱经受住了诱惑和考验，当天晚上就将钱给了老板汪炀，就此躲过一劫。职场上，人品永远都是最好的通行证，一个人即使能力很强，但如果人品不过关，那么他或许可以走得很快，但很难走得更远。

从这个小故事中我们可以看出，人品是最高的学位，德与才的统一才是真正的智慧，真正的人才。无论站在什么位置，处于什么环境下，很多原则性的东西千万不能丢。

人生在世，独处的时候其实是生命中最长的时间。学会独处就是为生命增值。独处不是不做事，而是思考做什么事；人活着，做事其实是刚需。

人生不能太闲，不能无事；太闲容易寂寞，无事容易生非；太闲容易落寞，无事容易堕落。

读点贤书，做点小事，帮人解点小忧，是我人生中的三件重要事情。

靠得住的书，靠谱的茶，靠谱的朋友，才能成就你靠得住的生活和人生。靠得住的书中有天，给你力量；靠谱的茶中有地，给你能量；靠谱的朋友有人，给你气量。力量、能量、气量，就是你的生命法宝。

选择一件自己认为有意义的事情去做，便是人生的意义所在。

何谓人生意义？我们每个人的人生，表象上是有意义的，本质是没有意义的；相对是有意义的，绝对是没有意义的。

有时候力所能及地帮助别人才是最有意义的事情，不质疑，不徘徊，才是意义所在。正所谓，能让自己快乐是智慧，能让别人快乐是慈悲。

独自行走，让我们学会了泪在心里流，让我们学会了心里话对自己说，让我们学会了在人前一丝不苟，让我们学会了黑夜寻找自己，却又在白天把自己弄丢。

有钱、有权、有文化：内心强大的三个条件

> 艮，止也，时止则止，时行则行，动静不失其时，其道光明。艮其止，止其所也。——《周易》
>
> 鼎，君子以正位凝命。——《周易》

一个人的内心强大无外乎三种情况：有钱、有权、有文化，只要你拥有一种情况你就会变得强大起来。有钱是一个必要条件，也是最重要的条件，如果有了钱再加上能立德、立功、立言就更完美了。有钱给你底气，有权给你心气，有文化给你大气。

人活一世"时、位、气"三个字，"时"是洞悉何为天时，"位"是懂得何为地利，"气"是明白何为人和；人生在世"上、止、正"三个字，"上"是懂得自强不息，"止"是明白知止无咎，"正"是懂得知行正道。懂得这些，认知背后的本质就算是活通透了。

有一天晚上，一个朋友发来一个问题：日常和无常有啥区别？每天的生活为日常，是不变的，突如其来的生病打乱了日常就成了无常。日常是一种秩序，无常是一种不确定性，我们的人生之所以千回百转就是因为秩序和不确定性的存在。

我们常说的经典诗词正好表达了这个秩序和不确定性，诗言志，词咏情。南唐后主李煜的《虞美人》："春花秋月何时了，往事知多少？小楼昨夜又东风，故国不堪回首月明中！雕栏玉砌应犹在，只是朱颜改。问君能有几多愁？恰似一江春水向东流。"恰恰描写就是这种秩序和不确定性之间的纠缠。世界是有秩序的，人是不确定的，正可谓是："道可道，非常道；名可名，非常名。"

日常是一种状态，是一种常态，是不会变的，这就是我们常说的不变，也是我们说的宗，知其不变方能万变。中国喜欢常，"古有太常卿，今有入常"，寻找的都是一种永恒的状态。所以有知足常乐之说。

一会儿她又问了一个问题：如何找到自己的根呢？一个人如果认知到自己的无限与有限，心中的根就找到了。无限是你的可能性，有限是你的局限性，有限无限之间的那个中间点就是生命之根所在。这样一个人的优点弱点也就清晰了，弱点往往就是优势，优势往往就是你的弱点。这恰恰是我们的认知瓶颈所在。她说，她喜欢唐诗里面"轻舟已过万重山"的感觉，但往往是思想一团乱麻，生活一地鸡毛。

生活也好，人生也好，有时候都像是李清照描述的那样："寻寻觅觅，冷冷清清，凄凄惨惨戚戚。乍暖还寒时候，最难将息。三杯两盏淡酒，怎敌他、晚来风急！雁过也，正伤心，却是旧时相识。满地黄花堆积，憔悴损，如今有谁堪摘？守着窗儿，独自怎生得黑！梧桐更兼细雨，到黄昏、点点滴滴。这次第，怎一个愁字了得！"生活中的星星点点，明明灭灭，朦朦胧胧。回头再想想，如果没有"朝辞白帝彩云间，千里江陵一日还"的气概，哪里会有"轻舟已过万重山"的感觉呢？找到自己的有限和无限，把日常的路走长、走好，这才是人生的意义。

突然想到电视剧《三十而已》里面的台词，似乎和这个感觉有点相似：唯一不担心后路的方式，就是把前路走得更长一些。

自我、悟我、超我：真心禅，口头禅

经典回望

世外人，法无定法，然后知非法法也；天下事，了犹未了，何妨以不了了之。——禅联

不以物喜，不以己悲。居庙堂之高则忧其民，处江湖之远则忧其君。是进亦忧，退亦忧。然则何时而乐耶？其必曰：先天下之忧而忧，后天下之乐而乐乎！——范仲淹《岳阳楼记》

　　禅，在日常生活中常被提到。禅强调的是"真心禅"，而不是"口头禅"。禅是顿悟、止观、创见，只要心意到，一切可禅，一切均禅。

　　对于禅，儒释道都有自己的法门：儒家追求不以物喜，不以己悲；佛家追求缘起性空；道家追求物我两忘。儒释道文化都是专注而忘我，在观察研究身外和世界中，更注意观察研究自我、悟我，犹如一个超然的"超我"，在观察体验"我"的言行举止、所思所想。

　　我们都活在三维空间里面，达到高维度的觉察和观察靠的恰恰是禅的训练。流行于世界的禅，源于中国，发扬于日本，禅是古代中国的一种精神象征。

禅是一种生活方式，追求的是入世出世之间的在世，似宗教而非宗教，是一种愉快生存发展的学说，一种生命的终极关怀学说。禅反对口头禅，需要从每日的点滴做起，鼓励真心禅，工作就是修行，生活就是禅悟，不装腔作势。

真心禅重在"明心"。"明"的这个"心"是慈悲心、平常心、虚空心、清净心，也就是我们的本心，只有"真心禅"方能"明心见性"。

成都宝光寺有一副对联说得很好："世外人法无定法，然后知非法法也；天下事了犹未了，何妨以不了了之。""世外人"是指世外高人，是一些有很高智慧的人，一些超常的人，这些"世外人"是"法无定法"的。他们有没有法门？他们也有"法"，有所依据；但又没有"法"，是"法无定法"，即没有固定的法门。"天下事了犹未了，何妨以不了了之"。"天下事了犹未了"的"了"就是完结、了结，但是又是没有"了"，有的事情是没完没了，这就叫"了犹未了"。那怎么办呢？那就"不了了之"呗。

真心禅是大智慧，即明白世界的本性，明了自己的本心，那就不会纠结了，就能很聪明地应对各种各样的生活，幸福感自然就提高了，看待事物的维度自然也就提高了。真心禅强调的不是生存下去的可能，而是从痛苦中解脱出来的希望。破相显性，转识成智；外不着相，内不着空。这才是大智慧。

真心禅，处处在，实在无相；口头禅，处处存，存在着相。

真诚、独立、责任：一丝不苟，与众不同

经典回望

君子有三畏：畏天命，畏大人，畏圣人之言。——《论语》

夫以铜为镜，可以正衣冠；以古为镜，可以知兴替；以人为镜，可以明得失。——《旧唐书·魏徵传》

美国电影《速度与激情9》开头一句话很受用：凡事只要一丝不苟，就会与众不同；这条赛道教会了我所有的人生道理。

这部电影给我留下最深印象的仍是多姆，他的眼神、他的笑容、他的声音、他的自信、他的深情、他的重义……

电影从1989年他父亲的车赛开始追溯起，他父亲对他和他弟弟的爱是深沉的，但意外身亡的真相给两兄弟带来的伤害，谁也想不到是如此的撕心裂肺。都说"最不能容忍的就是失去家人"，然而却用一种最绝情的"永远不能回头"的方式弄伤了至爱亲人，好在最后的结局是亲情战胜了内心的"无法释怀"。

人生背着伤痛、愤怒、仇恨生活，其实是一种无形的折磨，释怀倒是对自己、对他人都是最大的宽恕和最明智的善待。印象最深刻的还有多姆和他的恋人的一言一行，甚至一个眼神，爱意

都弥漫在整个空气中：这大概就是真正的灵魂伴侣吧！

村上春树《边境近境》中有几句话给我留下很深的印象：悲伤中有美丽，炽热中有平静，贫穷中有某种心情。这里的美丽、平静和心情不正是我们的日常生活吗？

对生命敬畏的人，对待生活一定会一丝不苟，对待他人更会是"吾日三省吾身"：对别人请求办的事尽心吗？对朋友的真诚度够吗？对亲人呵护多吗？人都会有成熟的过程，像漩涡解开螺旋一样畅快，世界清晰可见，做事一丝不苟。一丝不苟并不意味着慢，而是意味着要采用明智和慎重的办法，意味着要深度地去分析信息；一丝不苟的人，在生活中一定是个相对比较独立的人，一定是个有责任心的人。

君子的"三畏"出自《论语·季氏篇》，即所谓的"子曰：君子有三畏，畏天命，畏大人，畏圣人之言"。

"三畏"说的是敬畏，人生有畏不殆。天命是上天的安排，既为万事万物均需遵循的自然规律，也可以称之为命运。大人与圣人属于现实世界，大人是有德之人，圣人是指觉悟并已见到本性，恢复了性德，证达了天命的人。

与"三畏"对应的就是君子的"三堂"，即古代的"学堂、祠堂、中堂"，在"学堂"学习和领悟圣人之言，圣人之言即是天言，即是真理，抑或是天理，抑或是事理，抑或是情理，皆是人生至理；在"祠堂"承载和接续大人之德，地势坤，君子以厚德载物，大人的德性要去用心体悟，大人的德行要去用行，这就是王阳明的知行合一致良知；在"中堂"常念"天地君亲师"，这是中国人长久以来祭拜的对象，充分地表现出古代中国人对天地的感恩、对君师的尊重、对长辈的怀念之情。

《荀子·礼论》言曰："天地者，生之本也；先祖者，类之本也；君师者，治之本也。无天地恶生，无先祖恶出，无君师恶治，三者偏亡，则无安人。故礼，上事天，下事地，尊先祖而隆君师，是礼之三本也。"

古代中国人的三立、三畏和三堂之说，体现的正是中国人的敬畏之德性，敬畏之德行，正是"明明德、亲民、止于至善"的大学之道。

"以铜为鉴，可正衣冠；以古为鉴，可知兴替；以人为鉴，可明得失。朕尝保此三鉴，内防己过。今魏徵逝，一鉴亡矣。"这句话来自于唐太宗李世民与大臣魏徵的故事。唐朝初年，大臣魏徵常常能直抒己见地向唐太宗纳谏，唐太宗也能听其正确的纳谏。所以在其统治时期，政治清明、社会安定，经济繁荣，国力强盛。魏徵死后，唐太宗非常悲伤，下令为魏徵立碑，并撰写碑文并亲笔书写。唐太宗时常想念魏徵，常用这句话告诫群臣。这便是中国历史上"三鉴"的故事。

"三鉴"有三个维度，一是人与己的关系维度；二是古与今的时间维度；三是人与人的社会维度，这三个维度就是天地人三才的维度。所谓维度就是关系的处理的度量把握。这个和孔子常说的"知己、知人、知天地"三个维度是一致的，知己常思己过，知人莫论人非，知天地常思明德。

第三辑

熵减人生

边界、规矩、门槛：三分智商，七分情商

经典回望

> 惧以终始，其要无咎，此谓易之道也。
>
> ——《周易·系辞下传》
>
> 结庐在人境，而无车马喧。问君何能尔？心远地自偏。采菊东篱下，悠然见南山。山气日夕佳，飞鸟相与还。此中有真意，欲辨已忘言。——陶渊明《饮酒》

　　三分爱七分情，这是爱情的本质；三分智商，七分情商，这是人生的本质。智商是工具，是技能，情商是如何去使用这个技能，用好了能成功，用不好就不能成功；更高级的情商属于慧商，决定了在使用这个技能的多种方式中你会选择哪一种，你的眼界是精明的还是高明的。

　　自己的认知不能代替别人的感知，自己的认知看似理性其实感性，别人的感知看似感性其实理性。理性感性都是有误差的，认识到误差才是理性的，如果认识到误差不在意误差才是智慧。

　　太在意别人的感知往往会去讨好别人，换来的往往是过分热情。中国文化讲究度的把握，过犹不及，做到"无过无不及"方为中庸之道，这样才能达到"物我两忘"的"缘起"境界。

故意讨好带来的后果，要么是虚假好评，要么是不解的郁闷。

情商的把握需要的是恰到好处，止于至善。

《周易·系辞传下》曰："惧以终始，其要无咎，此谓易之道也。"这句话蕴含着中国的一个高级思维——终始思维，也是以终为始、慎终善始的思维，也是无咎的思维。趋吉避凶是人类生存的根本，也是世间万物的天性，所有生灵都会趋吉避凶。终始思维也是《大学》的核心智慧："物有根本，事有终始，知所先后，则近道矣。"

古语云，君子如水，随方就圆，无处不自在。人与人之间最好的关系就是像水一样的关系。老子曰，上善若水。这样的关系就是不近不远，若隐若现，不疏不密，随时独立，随时合作。中国社会正在进入一个价值观取代血缘关系的社会，人的共识都在趋向价值观，而不是血缘和人情。

老子曰："知不知，上矣；不知知，病矣。"犯错不可怕，最怕的是人犯错却不知道自己犯错，这才是真正的过错。"小成靠智靠自己，大成靠德靠人帮。"凡是成大器的人，都有贤能的人才辅助。上等人才，舍身求法，克己奉公；中等人才，苟且容身，以求保全；下等人才，心怀恐惧，反省自己。

平常不平常，变化不变化，这是社会人生的规则。用不平常心应对外界不平常的变化，往往会手忙脚乱；用平常心应对外界不平常的变化，往往柔静从不平常中抓住平常，从变化中抓住不变，做出不平凡的事。所谓常人不能理解的伟大的事，实质上只是一位拥有平常心的人，在平凡的日复一日的平凡事中做出非凡的事而已。

老子有讲，大象无形，大音希声。慧眼之人能看到无形的东西，耳聪之人能听到无声的声响。引导人，靠行动不靠言辞；应验天变，靠实质内容而不靠表面文章。

财富是人创造的，真正的财富是人和人身上的精神财富，而不是钱财本身。人才是以人为本，而不是以钱财本身为重，人才通人财，财来自于人。

如今的社会，人与人之间有太多的不如意，可能由于移动互联时代的原因，每天的负面信息铺天盖地，让人目不暇接。古人的"内圣外王"功夫大概可以帮我们应对这个复杂的社会，否则，2500 年前的《尚书》怎么会说出这样一句真理呢？

"人心惟危，道心惟微；惟精惟一，允执厥中。"世界有内外，人心有内外，外部的世界往往充满恐惧，需要我们不断锤炼"外王"的功夫，内部的世界往往充满诱惑，需要我们不断锤炼"内圣"的功夫。古代人如此，现代人依然如故。

我们都处在一个流动的边界上，把握好自己的边界很重要，正如孔子所说的，要想"从心所欲"，一定要"不逾矩"。这个"不逾矩"就是不能超过边界，到位不越位，到位不错位，也正如《易经》所说：正位无咎。

边界是规矩，更是门槛，找到门儿就没有坎儿了，找不到门儿处处都是坎儿。

好脾气、坏脾气、没脾气: 情绪管理很重要

经典回望

喜怒哀乐之未发,谓之中;发而皆中节,谓之和;中也者,天下之大本也;和也者,天下之达道也。致中和,天地位焉,万物育焉。——《中庸》

不迁怒,不贰过。——《论语·雍也》

喜怒不形于色,好交结豪侠,年少争附之。好恶不言于表,悲欢不溢于面,生死不从于天。——《三国志》

一个人幸福与否,是由我们的情绪所决定的。这句话仔细想想是很有道理的。天生情绪成熟度高的人并不是很多,敏感、爱生气、畏难、患得患失,这些都和我们的情绪有关。

"喜怒哀乐之未发,谓之中;发而皆中节,谓之和。中也者,天下之大本也;和也者,天下之达道也。致中和,天地位焉,万物育焉"。这是《中庸》里讲的情绪管理。所以说,喜、怒、哀、乐、贪、嗔、痴,皆为情绪。

你看看我们的日常生活,有个感觉很明显:身边很多人特别爱生气。平时你看在上班拥挤的公交车上,我们听惯了你争我抢

的谩骂之声；在车水马龙的公路上，我们看多了两车追尾司机吵架的喋喋不休，甚至拳脚相加。很多人的情绪似乎特别容易动怒，干柴烈火一般，一点就着，感觉我们都活在情绪里。

我们的情绪有时甚至影响着我们的世界观，如果一个人的世界观总是受情绪主导，既不可能理性地看待生活中的人和事，也不可能帮助我们恰当地处理生活中的人情世故。一个人的情绪是由性格决定的，一个人的命运是由性格决定的，一个人的命运恰恰也是由情绪决定的。

当我们感到焦虑时，究竟是事情本身更糟糕，还是我们自己的情绪更糟糕，并由此带来恶劣的心情呢？

人的一生时时处处都和情绪有关系，有的情绪有价值，有的情绪没有价值，甚至会起到很糟糕的作用。经常听到有人说，"我就是这个脾气，我没有办法，我想改就是改不了。"其实情绪是可以控制的，因为情绪和别人是没有太大关系的，完全是自己在决定，相比其他事情，人在管理情绪方面的自主性更高。情绪是人本身的一种反应，完全可以自我控制。

你发现没有，我们身边很多人有时特别爱生气，并且生气的时候也特别不讲理。爱生气是不利于为人处世的，为人处世最要紧的就是控制好情绪。所以，我们为人处世的时候，一定要控制好"气"，不能让它"生"出来。我们经常会遇到这样的情况，同一件事情，同一种经历，如果拉长生命周期来看，结果则天差地别。

这是为什么呢？这种差别来自我们的情绪成熟度变了。这个成熟度就是平衡能力提升了，当遇到问题时渐渐懂得："处理问题"一定要放在"发泄情绪"的前面。有时候我们的情绪"看上去很差"还是"真的很差",其实真是两回事。我们的人生需提高自己的"情绪成熟度",要知道在我们的工作、爱情、婚姻、亲情、友情的这些关系中,很大的痛苦和消耗都是由我们的情绪带来的,并不是遇到的事情本身都差到无法控制和无法收拾。

日常的情绪管理常常有两个路径,一条是"神秀路径",他走的是"渐修"的路径:"身是菩提树,心如明镜台;时时勤拂拭,勿使惹尘埃。"一条是"慧能路径",他走的是"顿悟"的路径:"菩提本无树,明镜亦非台;本来无一物,何处惹尘埃!"什么是顿悟?顿悟是神秘的、不可知的、完整的智慧的获得。

我们常常听到这样的话:一等人有本事没脾气,二等人有本事有脾气,三等人没本事没脾气,四等人没本事有脾气。

酸甜苦辣咸才是生活,好坏起伏静更是人生。知之为知之,不知为不知。什么场合需要说什么话吗?见人说人话,见鬼说鬼话,这是符合逻辑和事实的。不然的话,就成了见人说鬼话,见鬼说人话,那就真成了"人鬼情未了"了。

情商其实就是脾气管理,我们这一辈子,什么都可以有,不能有太多容易失控的脾气,通俗点讲就是情绪管理吧。

有这样一个故事,讲述了如何管理自己的坏脾气。

有一个男孩,很任性,常常对别人乱发脾气。

一天,他的父亲给了他一袋钉子,并告诉他:"你每次发脾气的时候,就钉一根钉子在后院的围墙上。"

第一天,这个男孩发了三十七次脾气,所以他钉下了三十七根钉子。慢慢地,男孩发觉控制自己的脾气比钉钉子要容易些,所以他每天发脾气的次数就一点点减少了。

终于有一天，这个男孩能够控制住自己的情绪，不再乱发脾气了。

父亲又告诉他："从现在开始，每次你忍住不发脾气的时候，就拔出一根钉子。"

父亲拉住他的手，来到后院的围墙前，说："孩子，你做得很好，但是现在看看这布满小洞的围墙吧，它再也恢复不到从前的样子了。你生气时说的伤害别人的话，也会像钉子一样在别人的心里留下伤口，不管你事后说多少句对不起，那些疤痕都将永远存在。"

这个故事给我们这样一个启示：不要随便把钉子钉进别人的心里。

现实生活中，每天我们都会遇到如何管理好自己的情绪。大家应该都看过电视剧《理想之城》吧，赵显坤作为瀛海集团公司的董事长，拥有至高无上的权威，但其实他也处处隐忍。苏筱曾经被开除过，原则上有了这种不光彩履历的人，是不符合入职天成公司条件的。人力资源部总经理玛丽亚让苏筱走人，这样的决定让爱才的汪炀非常不爽，直接闹到了董事长赵显坤那里。一面是公司制度，一面是下属公司总经理，权衡之下，赵显坤还是选择了妥协，一方面安抚汪炀的情绪，一方面同意苏筱入职天成公司。

瀛海集团公司审计负责人徐知平善于察言观色，当集团公司要对下属五家分公司进行内部审计，他深知这次审计工作是个烫手山芋，于是便假装生病，借故逃避。赵显坤董事长明知他是故意的，但也只能默许，仍前去医院探望，加以慰问。

电视剧中还有一个剧情，董事长赵显坤将苏筱调到集团总部进入管理层，很多跟随他多年的高层下属不服，纷纷来到他办公室摆脸色耍脾气。其实，作为集团的一把手，他有绝对的人事任免权，本无须向这些人解释，但仍一个个做安抚工作。实际上，他并不是不生气，只是隐忍不发罢了。每次等人走后，他都气得摔东西。赵显坤对助理许峰讲过一句话值得我们深思：做事不要光图痛快，也要想想后果。这些集团高层都是跟随自己多年的老人，关系盘根错节，很难彻底撕破脸，因为一旦撕破脸，就会牵一发而动全身。

"成熟的麦穗懂得低头，人也一样"。真正厉害的人，往往都是情绪管理的高手，不管遇到什么事，他们总能有意识地控制好自己的情绪。弱者易怒如虎，强者平静如水，说的就是这个道理，值得我们时时牢记。

倾听、守中、节制：一切问题的化解之道

经典回望

道心惟微，人心惟危；惟精惟一，允执厥中。

——《尚书·大禹谟》

天地不仁，以万物为刍狗，圣人不仁，以百姓为刍狗。天地之间，其犹橐籥乎？虚而不屈，动而愈出。多言数穷，不如守中。——《道德经·第五章》

中国传统文化常说的春秋笔法有时在日常生活中还是需要的。小意见往往是当面提，大意见往往需要背后提。夸人也是这样，除了当面夸还要背后夸。

古人有云：当面教子，背后教妻。日常生活中的人情世故门道儿很多，小技巧必有大用处，小细节决定大成败。

守得住秘密，藏得住未来。古人常说：天人无言，圣人不言，贤人少言，凡人多言。俗话说得更好：言多必失，祸从口出，病从口入。人活一生，一岁学会说话，要用六十年学会闭嘴。管得住一张嘴，就能迎来一个新世界。

多言数穷，不如守中，这是《道德经》告诉我们处世的智慧；多欲则贪，不如节制，这是《罗织经》告诉我们成事的根本。

中国传统文化有守中的智慧。何谓守中？守中是一种寻求"心"的平衡、合理的智慧。《尚书》曰："道心惟微，人心惟危；惟精惟一，允执厥中。"这里说的是守中之道；"喜怒哀乐之未发，谓之中；发而皆中节，谓之和。中也者，天下之大本也；和也者，天下之达道也。致中和，天地位焉，万物育焉。"这里说的是守中之道；"多言数穷，不如守中"，老子说的也是守中之道。守中思维是解决一切争议、情绪、分歧的中国智慧。

孔子的这个智慧来自哪里呢？来自遥远的尧舜时代。"道心惟微，人心惟危；惟精惟一，允执厥中"的"惟微、惟危"都是一种生命的困局，如何走出这样一个困局；靠的就是"惟精惟一，允执厥中"的守中之道。

人生是一个选择的过程，人生没有"终极选择"，所谓的"终极选择"都是在不断优化的过程中完成的。有一句话说得好，当你面临两难选择时，记得永远要选择长远利益。

守中是一种平衡功夫，一种平衡能力，一种选择能力，一种领导力，更是一种生命智慧。儒家文化的"极高明而道中庸"，就是一种守中之道。

守中是一种世界观，一种方法论，一种人生观，一种生命管理智慧，更是中国人的终极品德。中国之"中"，中庸之"中"，"中和"之中，"守中"之中，这与先民对"中"的方位崇拜、哲学认知和审美追求有很大关系。

"以性情言之，则曰中和，以德行言之，则曰中庸。"守中之道也是一种处世原则。它的内涵极浅显，极高明。"守中"既是"用中"之义，也是伦常日用之道。

守中之道是一种人生智慧，凡事要适可而止；守中之道是一种常人之道，普通人都能做得到的，不是什么神秘的东西；守中之道是一种适中之道，不唱高调，不走极端；守中之道是一种可行之道，是处于理想主义和现实主义之间不走极端；守中之道是恰到好处之道，是无过无不及之道；守中之道更是一种如何把握"度"的高级智慧，这个"度"在藏与露之间、方与圆之间、进与退之间、大与小之间、变与不变之间、软与硬之间、柔与刚之间。

当孔子说起《关雎》时用的"乐而不淫，哀而不伤"，说起《韶乐》时用的"尽美矣，又尽善也"，正是"依乎中庸"而言之的。

有了"止于至善"的守中之道，中华文明便拥有了一种近乎"终极追问"的信仰境界和哲学高度；正是这样的一个思维高度，中华文明才完成了"轴心时代"的"生命哲学的突破"；正是有了守中之道，中华文明才得以屹立千年而不倒，历经千百劫难而终能化险为夷，一往无前，生生不息。

这里有一个小故事，讲的就是会说话的重要性。

有一天，一个人来找穆罕默德，倾吐他的悲伤和挫折，他因为和朋友愤怒争执而深感自责，他对自己的出言不逊感到很不安，问先知要怎么做才能弥补自己的过错。

默罕默德要这个人晚上绕着小镇走一圈，在家家户户门前的台阶上放上一根羽毛，第二天早上再去——收回来，然后把结果告诉他。

第二天，这个人满脸愁容地来找默罕默德。

"默罕默德，"他哭丧着脸说，"昨天晚上我照你所说的话放了羽毛，可是今天早上我回收羽毛的时候，却连一根羽毛都找不到了。"

"你所说的话也是如此，"默罕默德解释道，"一出口它就飞了，再也找不回来了。"

留意我们所说的话，因为它比我们想象的更具力量。所以说，学会倾听恰恰是会说话和讲道理的开始，倾听之道也是一切问题的化解之始。

如今的时代，年轻人更愿意合伙自主创业，这样可以更加自由一些，可以过上和父辈们不一样的生活和人生。为什么一起做事？一起做事的本质是什么？这些都是自己做主人的底层逻辑，如果早一点清楚会更好。一起做事的本质就是一起分钱，分好钱比做好事难上千倍。因为钱的背后是人性，更是人心。开公司做生意从分钱开始比什么都强，做事的三个阶段很重要：利以安人，法以安人，德以安人。

太史公司马迁在《史记》中早就说过一句近似真理的话，我们千万不可低估：天下熙熙，皆为利来；天下攘攘，皆为利往。认知这句话的本质，做什么事都会容易得多。

人与人之间，本质就是价值交换。你有能力，你有价值，情商不高也没有问题；你有点价值，有点能力，情商高点你肯定不差；如果能力不高，价值不大，情商再低，结果不难想象。

任务接得住，问题化得开，舒服会说话，这就是每个人在职场中的重要法门。

真实、善意、重要性：认知世界的三个筛子

经典回望

所谓诚其意者，毋自欺也。如恶恶臭，如好好色，此之谓自谦。故君子必慎其独也。——《大学》

故君子不可以不修身，思修身不可以不事亲，思事亲不可以不知人，思知人不可以不知天。——《中庸》

有个人急急忙忙地跑到一位哲人那儿，说："我有个消息要告诉你。"

"等一等，"哲人打断了他的话，"你要告诉我的消息，用三个筛子筛过了吗？"

"三个筛子？哪三个筛子？"那个人不解地问。

"三个筛子。第一个叫真实。你要告诉我的消息，是真的吗？"

"不知道，我是从街上听来的……"

"现在你再用第二个筛子去审查。你要告诉我的消息如果不是真实的，至少应该是善意的。"

那个人踌躇地说："不，刚好相反。"

哲人又打断了他的话："那么再用第三个筛子。我问你：使你

如此激动的消息重要吗？"

"并不重要。"那个人很不好意思地回答。

哲人说："既然你要告诉我的事，既不真实，也非善意，更不重要，那么就别说了吧！"如此，那个消息便不会困扰你我了。

"真实、善意与重要性"，这是苏格拉底送给我们每个人的"三个筛子"。"三个筛子"是告诉我们要懂得少说话，把话说好的道理。说话是一种本能更是一种才能。"病从口入，祸从口出"，说的就是这样的道理。很多人吃亏在没有口才上，吃亏也在太有口才上。在比较关键、比较重要的场合，说话还是要谨慎的，明白了苏格拉底所说的"三个筛子"是至关重要的。"三个筛子"中善意是最重要的。不必为了所谓真相而当众揭短，给别人难堪，甚至让人下不来台，让人心生怨恨。

每个人都有自己的说话方式，真实地面对自己的内心，做真实的自己，需要勇气，更需要底气。"对自己真实，才不会对别人欺诈。"《大学》中的"所谓诚其意者，毋自欺也"，所谓的"诚意"就是"毋自欺"。"毋自欺"是一种自我修养的结果，是一种主动的思想行为。从宏观上来看，中国教育长时间只重视数理化的学习，再后来到了只重视应用学科的学习，而忽视了人文科学的研究；从微观上来看，中国人长期将自己局限在一些技术的学习上，而忘记了对自己心灵的滋养，长期困于"术"的层面，而不能上升到"道"的维度。

这个世界是由"道"来支配的，如果我们不能提升"道"的维度，就会始终处于困惑与迷茫之中，不可能有真正的安全感和意义感，也会长期生活在迷茫与空虚之中。人要诚其意，要保持纯真的"真我"，就是要"毋自欺"，去除这些外来的"自欺"的东西。简单地说，一是不自欺；二是不欺人；三是不被人欺。正如王阳明所说的那样：人人自有定盘针，万化根源总在心。

日本企业家稻盛和夫在《活法》中写道："善意和恶意，会导致事物最终走向不同的结果。"这让我想到印度诗人泰戈尔的诗《用生命影响生命》："把自己活成一道光，因为你不知道，谁会借着你的光，走出了黑暗。请保持心中的善良，因为你不知道，谁会借着你的善良，走出了绝望。请保持你心中的信仰，因为你不知道，谁会借着你的信仰，走出了迷茫。请相信自己的力量，因为你不知道，谁会因为相信你，开始相信了自己。"

记得 2011 年去美国纽约大学学习，罗伯特教授给我们讲了一个"四个盒子"的问题管理理论。我们一生遇到的问题无非是"内外长短"的问题：短期的内部问题、长期的内部问题、短期的外部问题、长期的外部问题。

美国管理学家科维也曾提出过"四象限"时间管理理论，从时间长短和重要性来看可分为：重要又紧急问题、重要但不紧急问题、紧急但不重要问题、既不重要又不紧急问题。"四个盒子"和"四象限"都是我们管理时间和问题的工具，合理地分配好问题所在的时间和空间，一定会简单得多。

有人说，"真实"坦荡可能"迂腐"，但能拥有安宁的内心；存有"善意"可能被认为"老实"，但可能帮助自己提升格局；选择"重要性"会被认为"另类"，但可能遇见更好的自己。时常保持内心的坚强和正直，不被他人的态度左右，而是专注于自己的成长和努力，才能为生命增值。

　　有一句话可以帮我们学会与这个复杂的社会和平相处：盯住坏事，慎说坏人。只有这样我们才不会卷入所谓的"天使与魔鬼"的人事之中，因为好与坏有很多标准，真实标准，真相标准，价值标准，世界观标准，人心从来没有真正的标准。"睁大眼睛看事情，睁一只眼闭一只眼看人性"。你觉得有道理吗？

　　中国人的世界观就是我们的天地人生，我们的天地人生就是我们的真善美行。我们的身边充满真善美，也充满着假恶丑；我们有限的人生只需多去感受真善美，只有这样才能远离假恶丑。这篇短文给了我们很大启示，三个筛子很重要，学会用"真实、善意、重要性"三个筛子来认知这个世界，来发现我们身边的真善美。

情商、智商、慧商：让自己快乐，让别人快乐

经典回望

大江东去，浪淘尽，千古风流人物。故垒西边，人道是，三国周郎赤壁。乱石穿空，惊涛拍岸，卷起千堆雪。江山如画，一时多少豪杰。遥想公瑾当年，小乔初嫁了，雄姿英发。羽扇纶巾，谈笑间，樯橹灰飞烟灭。故国神游，多情应笑我，早生华发。人生如梦，一尊还酹江月。——苏东坡《念奴娇·赤壁怀古》

好雨知时节，当春乃发生。随风潜入夜，润物细无声。野径云俱黑，江船火独明。晓看红湿处，花重锦官城。

——杜甫《春夜喜雨》

村上春树说：世界上根本没有正确的选择，我们所能做的是努力让当初的选择正确。套用村上春树的话：世界上，本没有完美的人生，我们所能做的是让自己快乐。在中国文化史上，苏东坡是唯一的一个能让自己快乐也能让别人快乐的伟大人物。让自己快乐那是智慧，让别人也快乐那一定是慈悲，苏东坡都做到了。

林语堂在《苏东坡传》中写道："苏东坡是个秉性难改的乐天派，是悲天悯人的道德家，是黎民百姓的好朋友，是散文作家，是新派画家，是伟大的书法家，是酿酒的实验者，是工程师，是假道学的反对派，是瑜伽术的修炼者，是佛教徒，是士大夫，是

皇帝的秘书，是饮酒成癖者，是心肠慈悲的法官，是政治上的坚持己见者，是月下的漫步者，是诗人，是生性诙谐爱开玩笑的人。"

九百多年过去了，苏东坡的诗词不知治愈了多少中国人。苏东坡是一个失败的成功者，曾因乌台诗案谪贬黄州。苏轼来黄州后曾于七月、初秋、十月孟冬先后三次游历了黄州城外的赤壁山。先后为后人留下了千古名篇《念奴娇·赤壁怀古》和《赤壁赋》《后赤壁赋》一词二赋。三咏赤壁均发生在北宋元丰五年（1082年），如果把它们放到一起，你会发现这一词两赋完整呈现了苏轼思想境界三次蜕变：见自己，见人生，见天地。

"大江东去，浪淘尽，千古风流人物。故垒西边，人道是，三国周郎赤壁。乱石穿空，惊涛拍岸，卷起千堆雪。江山如画，一时多少豪杰。遥想公瑾当年，小乔初嫁了，雄姿英发。羽扇纶巾，谈笑间，樯橹灰飞烟灭。故国神游，多情应笑我，早生华发。人生如梦，一尊还酹江月。"

苏东坡的《念奴娇·赤壁怀古》借景抒情，看着眼前滔滔的长江水，高高的赤壁矶和那一轮"明月几时有"的皓月，苏轼想起了自己，如今已年过半百却贬谪在外，除了早生的白发外，不禁自问"我"有什么成就呢？低头看着这巨浪拍打着的脚下岩石，岩石上卷起的水花如白雪一样，当初的那些英雄不也像这江水一样，在岁月中流逝了吗？如今安在？此时的苏轼在想，难道我只能在这里感叹"人生如梦""举杯邀明月"吗？这一咏，苏东坡不仅见到了家国，更见到了自己。苏东坡的第一重境界油然而生：面对苦难，自我安慰。正如《人间词话》所云："昨夜西风凋敝树，独上高楼，望断天涯路。"苏东坡用他的悲欢交集治愈了自己，也欢喜了别人。

我们常说的情商高，是让别人高兴；智商高，主要是让自己高兴；智商不高情商也不高，主要就是自己不高兴还不想让别人高兴。情商是面子，智商是里子；懂得面子，更要懂里子。情商管一会儿，智商管一阵儿，情商智商管一世。

多年前，看过一部电影《遗愿清单》。这部电影讲述了两位老人爱华德和卡特，一位白人，一位黑人；一个是富翁，一个是汽车工。他们两人阴差阳错地住进了同一家医院的同一间病房。两人如此的不同，富翁有钱，汽车工没有；汽车工有亲人，而富翁没有。但相同的地方是，他们在同一天知道了自己的死期，他们同样没有多长时间的活头了。两位老人由刚开始的水火不容，互相看不上，到最后通过几个月的一起朝夕相处，携手治疗癌症，结下了深厚的友谊。

有一天，卡特在病床上想起大学哲学老师曾布置过的作业，填写遗愿清单，他的清单被爱华德发现了，并且很认可他应该去追随，并在原来清单的基础上加了跳伞，亲吻世界上最美丽的女孩，去做一次文身。卡特开始还没有勇气去执行，但是在爱华德再三的劝说下还是同意了这趟生命的告别之旅。

旅途是最令人放松的方式，旅途改变了这两个人，他们一起跳伞，一起飙车，一起去非洲看野生动物，他们去埃及看金字塔，去爬中国长城，去中国香港，他们一起去西藏雪域高原，甚至还安排了艳遇，最后他们都快乐地完成了自己的人生遗愿清单。

这部电影给了我们两个人生思考题和三个人生启迪：你的生

命中有过快乐吗？你的生命中有给别人带去快乐吗？想做什么就大胆去做，人生没有后悔药；人生总有遗憾，别想着度过没有遗憾的人生，即使像科尔那样的亿万富翁，也有外人难懂的遗憾；世上最值得你原谅和信任的人就是你最亲的人。

知己，静坐常思己过；知人，闲谈莫论人非。给予总比得到更快乐，在你真心地为别人带去快乐的时候，你的心灵也将得到净化和升华。

观念、理念、信念：透过现象看本质

经典回望

亦余心之所善兮，虽九死其犹未悔。——屈原

人固有一死，或重于泰山，或轻于鸿毛。——司马迁

仓廪实而知礼节，衣食足而知荣辱。礼生于有而废于无。故君子富，好行其德；小人富，以适其力。渊深而鱼生之，山深而兽往之，人富而仁义附焉。——管仲

人们经常分不清观念、理念、信念的区别。

所谓观念是指以直观的感受，内化于心成念。人类的一切观念，甚至一切幻想都不能离开现实社会，凭空创造出来。人类的所有观念分歧都源于三种判断，即基于事实的事实判断，基于主观偏好的价值判断，基于逻辑思维能力的逻辑判断，这三种判断共同塑造了一个人、一个集体和一个国家的观念。

所谓理念是指以自治逻辑内化于心成念，是人们经过长期的理性思考及实践所形成的思想观念、精神向往、理想追求和哲学信仰的抽象概括。理念实际是一种思想。

所谓信念是指信仰内化于心成念，是指人们对自己的想法观念及其意识行为倾向，强烈地坚定不移地确信与信任。了解了这些基本原则再看世相人事，也就八九不离十了。

我们在日常生活中，观念的转变往往能影响着我们做事的成败，有这样一个小故事讲的就是这样的道理。

一位法国歌唱家有一个美丽的私人花园。每到周末，总会有人到她的花园摘花，拾蘑菇，有的甚至搭起帐篷，在草地上露营野餐，弄得花园一片狼藉，肮脏不堪。

管家曾让人在花园四周围上篱笆，并竖起"私人花园禁止入内"的木牌，但均无济于事，花园依然不断遭践踏、破坏。于是，管家只得向主人请示。

歌唱家听了管家的汇报后，让管家做一些大牌子立在各个路口，上面醒目地写明："如果在林中被毒蛇咬伤，最近的医院距此十五公里，驾车约半小时可到达。"

从此，再也没有人闯入她的花园。

有时成败只在于一个观念的转变。

现象是多变的，感受是不同的。基于观念而行动者，缺少确定性，难以形成共识，容易成为一个机会主义者。现象背后的规律相对固定，理性比感性可靠。基于理念而行动者，虽然可以因条件变化而自圆其说，但往往会过于理性而自负。基于终极信仰的信念者，终能形成共识，具有坚定不移前行的意志。

如果一个人以观念指导行为，听任自然本性，一个个趋利避害；如果一个人以理念指导行为，重视理性思考，讲究逻辑自洽的合理性，一个个主义盛行；如果一个人以信念指导行为，重视终极信仰，这样才会得到天命观照。

我们知道认知事物有三个层次：第一层是感知，形成的是观念，第二层是逻辑，形成的是理念，第三层是系统，形成的是信念。框架中最根本的是感知，这是基础，基础之中的基础。感知离不开注意力，注意力在哪，感知就在哪。

一个事物，它的框架如何？就个人而言，一个人对事物持有的目的不同，对这个事物，所构想的框架也会不同。一个事物你对它的印象，涉及记忆，记来存储，忆来提取。对事物的印象，是从长时记忆之中提取出来的，这也是观念的形成逻辑。

一个事物在你的眼前，你对它的理解，表面上是透过观看与观察，其实是你在向长时记忆提取对事物之前的认知。你以为是对事物的观察，其实你却暗暗地整合了之前对事物的印象。一个事物，你对它越熟悉，你观看及观察的速度就越快，你会用头脑里对它持有的原有印象来代替如实的观察，对一个事物做到如实的观察很难。

观念影响行为，行为又会影响结果。这是大家都认同的。

属性、概念、定义：认知的困境

《象传》曰：困，刚掩也。险以说，困而不失其所，亨；其唯君子乎？贞大人吉，以刚中也。有言不信，尚口乃穷也。——《周易·困卦》

《象传》曰：泽无水，困。君子以致命遂志。——《周易·困卦》

生亦我所欲也，义亦我所欲也，二者不可得兼，舍生而取义者也。——《孟子·梁惠王上》

我们往往在没搞懂属性的情况下，去学习概念；在没搞懂外延的情况下，去学习划分；在不理解内涵的情况下，去学习定义，按照这个步骤我们就会碰到障碍。掌握了两三个最基础的概念，比如属性、概念、定义，更多概念的学习就会势如破竹，一马平川。但最初的两三个最基础的概念，也是最麻烦的，这需要消耗时间、精力去建立起自己的认知高地。

面临认知困境怎么办？首先知道困在哪里？为什么被困？才会找到如何解困的办法？《周易》说得好："升之不已必困，故受之以困。"困的原因往往是升而不止导致的，正所谓：物极必反，肯定就会受穷。如何走出困境？《周易》也给出了答案："大人吉，无咎。"做一个大人就会吉祥，就没有灾祸。何谓大人？人得一则大。一就是正道，明道守正，平和守中，即为大人。只有"困而不失其所"，人生方能"吉人自有天相"。

"有言不信"，在穷困的时候，你说的话别人是不信的，这是一句古训。逆境怎么办呢？应该不说话，尽量少说话，因为你说了别人不听，"尚口乃穷也"。我们常常说的身微言轻，就是这个道理。不说话并不是没有话，不想说，而是坚守正道，默默前行，待时而动，听从天意的安排。

那困境的极致是什么呢？古人有言在先：千古艰难唯一死。除了生命其他无大事。所谓小事，即小心做事即可。只有小心做事，才能成就大事。

记得小时候每次离家出门的时候，父母总会跟出一句话：出门在外，一定要小心啊！多么朴素的一句话，多么意义深远的一句话。中国的智慧都在我们日常生活里面，需要的是我们的一颗"小心"。

如何让困境变通呢？隐言隐行重要，知悔反省更重要，只有守得云开，才能雾散金光照。

生知、学知、困知: 需求是最好的老师

经典回望

　　子曰: 生而知之者上也, 学而知之者次也, 困而学之, 又其次也, 困而不学, 民斯为下矣。——《论语》

　　古今之成大事业、大学问者, 必经过三种之境界: 昨夜西风凋碧树。独上高楼, 望尽天涯路。此第一境也。衣带渐宽终不悔, 为伊消得人憔悴。此第二境也。众里寻他千百度, 蓦然回首, 那人却在, 灯火阑珊处。此第三境也。——王国维《人间词话》

　　有人说过一句很有道理的话: 需求是最好的老师。这句话看似很朴素, 倒是一个重要法门, 其中缘由需要慢慢品悟。

　　生而知之, 学而知之, 困而知之, 困而不知, 这是需求的几个层次。我们每个人极大部分都是处在困而知之的层次, 认知到这个本质, 我们的需求就解决了。何来困而不知? 这是人的天性或本性所致, 每个人的懒惰都是天生的, 没有例外。就连孔夫子都不否认, 何况我们这些凡夫俗子呢? 个人如此, 组织也如此; 团体如此, 国家也如此, 世界更是如此。

　　我们知道, 商场讲究实战, 人生讲究修身。实战是修身, 修身也是实战, 说的就是知行合一。正像有个专家总结传统文化的

一句话就说出了内在的差别：学儒知行合一，儒学是有知，而是缺少行。实战和学儒是一个道理，都是在边知边行，边行边知，否则就成了光知不行，时间长了就成了不知不行，真的也就不行了。

经常和孩子们谈论关于智商的养成话题，一般智商的养成都会经过这样几个过程：广泛快速阅读增加认知广度，慢速集中阅读提升认知深度，深入浅出阅读增强认知高度。这三个阶段后就进入一个认知的高维度阶段，此时你的智慧会悄然而来，这个过程就是由识到知，由知到智，由智到慧，从而获得高维度智慧，进入一个自由的境界，进入一个"不知之知"的美好境界。

王国维《人间词话》描述了人类认知的三重境界，如果再结合孔子的一生可以做一些对照：三十而立，昨夜西风凋碧树，独上高楼，望尽天涯路；四十不惑，衣带渐宽终不悔，为伊消得人憔悴；五十而知天命，众里寻他千百度，蓦然回首，那人却在灯火阑珊处。

人生的阶段就是一个不断掏空，不断填充，再不断掏空，再不断填充的连续的生命过程。

成己、成人、达人：认识到自己的价值

子曰：古之学者为己，今之学者为人。——《论语》

为己，履而行之。为人，徒能言之。——孔安国

为己，欲得之于己也；为人，欲见知于人也。——朱熹

　　孔子的"成己成人"走的是一种"学以成人，约以成人"的路径，即最终能够趋于道德自由之境的人，主要是通过一种自我立志、学习的心性修养功夫，通过一种和社会、同道等的立约，通过规约自己，最后达到自由的自律。

　　孔子把人生分为六个阶段，今天重温孔子的"学以成人"的真言，仍感深刻，即便是现代人也是不可违也。子曰：吾十五而志于学，三十而立，四十而不惑，五十而知天命，六十而耳顺，七十而从心所欲，不逾矩。多么精彩的总结啊，真是天人之言。

　　"十五而志于学"——这是"成己"的第一步，远不是"成人"。孔子认为，因为人的自身的局限性和自身的可能性，"志学"才是"成人"过程中的一种修身求知的自觉。学是起点，是开端，不学无以成人，需要的是"潜龙勿用"的耐心等待。这是《中庸》中所

说的"修道之谓教"的真义。

"三十而立"——这是初步的"成人"，也是社会眼中的成人。性格的独立，经济的独立，自我事业的初步确立，家庭的确立，此"四立"正是一个人"修身、齐家、治国、平天下"的出发点。如今的社会，出现的内卷和躺平不作为则是违背了"天时"对生命的眷顾，这也是"乾卦"第二爻告诉我们的"君子以见龙在田"。

"四十而不惑"——虽然这个时候可能意志还不够坚强，境界还不够高，但此后也许不再犯根本性的认知错误，不会再走大的弯路，尤其不想受脱离现实的妄想，这个时候有的是理性和冷静，正如"乾卦"第三爻所说"君子当需惕龙乾乾"。

"五十而知天命"——这个时候正是"乾卦"第四爻的阶段了，"君子以跃龙在渊"，自由自在自律。这已经是大成的时候。所谓天命既是开放也是限制。命也，时也，所谓天时也，天降大任于我也。此时的看似限制其实也是一股伟大的力量。知天命，尽人事，此时也构成了一种真正有力量的安心。

"六十而耳顺"——"乾卦"五爻有说"飞龙在天"，此时的"耳顺"听到的皆是天言，皆是圣言。自己对来自他人和社会的一切已经"宠辱不惊"，同时也有一种洞悉人生后的豁达和宽容。对社会的是非成败也有了一种通透的认知，知道了如何进退，知道了如何权衡利弊。

"七十而从心所欲，不逾矩"——正如"乾卦"六爻有说"亢龙有悔，吉"一样，这时才是真正达到了一个真正的至善之境，一个自由自在自律之境。孔子所说的六个过程以自我始，以自我终，最后升腾为与天地人合一的自我过程。这是孔子一生寻求的"成人"的真正意义。

记得有个小故事，说了这样一个道理。

父亲在他九十岁生日时对儿子说：这是你祖父送给我的手表，已将近 200 年了。在我传给你之前，你可以先去第三街的手表店，告诉他：我要卖掉这表，问看看这只表能有多少价值。儿子去了回来，很不屑地告诉父亲说：制表师傅说这表太老旧了，只能值 5 美元当纪念表。父亲说：你再去第六街的咖啡店问问。

儿子去了又回来，笑着说：咖啡店愿意花 20 美元买下它当摆饰品。父亲再说：你可以去佳德古董商行问问看，儿子跑回来喘着气惊讶地说，爸爸，古董商愿意用 12 万美元买下这只表！他们愿意亲自找您来谈，任何时候都可以！父亲又说：你再去博物馆找馆长问问看。

这次儿子面无血色走了回来，结结巴巴地对父亲说：博物馆愿意以 180 万美元买下这只表，只要您肯，他们可以再谈！最后，老父亲对儿子说：我只是想让你知道，人和这块表一样，只有在对的地方，与对的人交往，才会产生出真正的价值！把自己放在错误的地方，将一文不值……

从苏格拉底"认识你自己"，到尼采"成为你自己"，说的都是我们每个人认识自己、成为自己都是一件不容易的事情。中国古代老子说过类似的话：知不知，上矣；不知知，病矣。

《论语》中孔子讲了这样的话：古之学者为己，今之学者为人。所谓"为己"是说学习的终极目的是提高自己的精神境界，做一个真正的人，为了自己德行的提升。所谓"为人"是指学习是为了做给别人看的，取悦于人或追名逐利。

　　成己成人，达己达人，是中国人的君子之道。只有真正认识自己，方能活出人生的意义和价值。

思维力、生产力、影响力：像富人那样思考

子曰：学而不思则罔，思而不学则殆。——《论语》

博学、审问、慎思、明辨、笃行五者，废其一，非学也。——程子

子曰：吾尝终日不食，终夜不寝，以思，无益，不如学也。——《论语》

子夏曰：博学而笃志，切问而近思，仁在其中矣。——《论语》

一个人的思维方式决定了我们的认知境界，一个人的认知境界更决定了财富层次。我们从这样一段日常的对话中就能看出富人和穷人的思考基点：富人家的孩子想学乐器，家长会说要好好学一定要坚持下去；穷人家的孩子想要学乐器，家长会说学那乱七八糟的做什么，能当饭吃吗，一天到晚就知道花钱；富人家的孩子想买 Iphone，家长说买就买吧，一个手机而已喜欢就买；穷人家的孩子想买 Iphone，家长说你怎么买这么贵的，买个国产的不能用么，手机不就是用来打电话的吗；富人的孩子想自己创业，

家长说全力支持你，需要多少给你妈说；穷人的孩子想创业，家长说万一失败了怎么办，现在经济这么不景气多少店都关门了，你要是赔光了家里怎么活啊，你还是找个事业单位国企去上班多稳定啊。

有这样一个小故事，也说明了同样的道理。

大学心理课上，老师给每位同学发了一双旧袜子，让他们按照自己的想法随便处理，下星期来报告结果。

星期一上课时，老师问同学们是怎么处理旧袜子的。

张三说："我把旧袜子拆洗了，自己编织了一副手套。"老师赞许他说："很好，你很勤俭。"

李四说："我把它卖给了收破烂的，得了一毛钱。"老师赞许他说："你很精明。"

王五说："我把它送给了一个乞丐。"老师赞许他说："你很善良。"

赵六说："我干脆就把它扔了。"老师说："你很豁达。"

冯七从贴身的口袋里掏出袜子，恭恭敬敬地说："老师，你的袜子我很好地保存着。恩师的东西怎么能随便处理呢？"老师沉思了一番，说："你，很睿智，但是也很危险。"

十年后，张三成了小业主，李四成了著名的商人，王五成了一名老师，赵六成了一名军官，冯七呢，当上了市里最年轻的局长，可没过两年，就因为经济问题丢了官，坐了牢。

老师知道以后，说："其实，他们每个人的结果从处理袜子的态度上就可以预见到了。"

这就是我们的日常思维，我们每天日用而不知。为了不饿死，这是典型的穷人思维，穷人一切为了活下去。无论是大学时代的选专业还是以后的找工作，一切都是以活下去为目的。由于没有接受失败的能力和底气，往往无法接受失败带来的后果。因此穷人要是创业失败那基本上就是只有一条悲剧的道路了，没有勇气去面对也没有资本去面对。我们常常会看到，富人的身边没有要饭的朋友，穷人的身边也找不出常买单的酒肉朋友，这里面其实说的是人脉资源思维。

中华经典名著《水浒传》中，武大郎家境贫寒，每天勤勤恳恳卖饼赚钱，天不亮就要去挑担卖饼，虽然日积月累但还是很穷。但在知道"潘小姐"红杏出墙被戴了绿帽后，别人撺掇他去捉奸，他竟然……挑上担接着卖炊饼去了！为什么？因为不卖炊饼没钱、没工夫考虑个人感受和喜好……在生存问题和其他婚姻、家庭、个人兴趣爱好问题面前，他选择的是继续卖炊饼赚钱，以解决柴米油盐酱醋茶这些生存生计问题。

事实证明，一个人的精力是有限的，当你的主要心力都花在算计生计上的种种小得失时，你根本没有多余时间、多余认知去配置管理生存以外的事情。

当我们有时候备受贫困困扰时，个人认知及资源会被大量聚焦，首先主要思考的是如何摆脱困境，导致处理能力和思维能力受限，这也是常说的"穷即是笨"。有的人从小接受了父辈的思维，觉得进厂打工才有钱赚，他们不懂得这个世界上还有其他的赚钱方法。其实，就算你的父母是穷人，你还是有机会改变的，但是如果你真的进到工厂里去了，你就真的很难有机会再改变了。有些人想着自己在里面多认识一些人，然后再出来创业。本质上来说这是不可能的事情。你在里面认识的人都是一些打工人思维的人脉资源。富人不折腾，永远是富人；穷人不折腾，永远是穷人。说的就是这个道理。

思维就是生产力，思维就是影响力。没有前途的人生不是最糟糕的，最糟糕的是没有前途的人生思维。

边干、边想、边找：发现生活中的认知陷阱

经典回望

谁谓伤心画不成，画人心逐世人情。君看六幅南朝事，老木寒云满故城。——韦庄《金陵图》

两情若是久长时，又岂在朝朝暮暮。——秦观

今朝有酒今朝醉，明日愁来明日愁。——罗隐

少年易老学难成，一寸光阴不可轻。——朱熹

我们常常看到这样一个现象：一个普通员工，即使把技术研究得再好，也还只是一个员工。这样一个简单的道理，很多人始终没想明白。很多年轻时候技术最精湛的人，干了很多年，除了年龄增长，职位没有多大变化。

事实是这样的，你技术精湛，最难解决的问题都被交给你去做，正好物尽其用，正好你能搞定，并且很靠谱！你千万不要天真地认为，事情做好了，你就能得到晋升。除非，你的领导退了，你才能有机会补上去；或者他升迁够快，带着你一起升迁。可惜的是，大多数人是没有这个机会的。更多的是，一辈子在那发光发热，直到被榨干。

这个世上，没人会为你考虑，很难有人真心帮你去争取利益，更多的人都只想从你那里占到便宜。你能干就多干点吧，你不反抗就使劲剥削你；等你干不动了，随时有年轻的技术劳动力顶上来，比你可能更便宜。

如果你不想一辈子当一个普通员工，渴望得到进步提升，就不要只会低头做事，还要抬头看路，寻找向上爬的秘诀路径。一个人再强也比不过团队。每个公司的老板都不傻，他们看的都是最终的收益，而不是看谁的苦劳大。我们常说的"没有功劳，也有苦劳"是一个思维悖论，如果你走不出这个认知陷阱，痛苦纠结在所难免。

一个单位的管理岗位是有限的，有时想挤掉领导，可不是一件容易的事情。对于每一个普通人来说，靠着一步步晋升，是很难做到的。最好的办法是什么？学会换个方式去竞争才是捷径。怎么做呢？曲线救国，先去小平台去找管理岗位，知道怎么带队伍，等有经验了，再找一个更高的平台跳上去。不要小看这样一个小动作，之前你参加应聘的都是员工岗，现在你参加应聘的都是管理岗，已经有了本质的变化。因为一个公司的管理岗跟员工岗，看到的东西，学到的东西，都是完全不一样的。很多时候，不可能等到万事俱备的时候再去干，很多时候都是边干、边想、边找解决问题的办法。往往脚下的路，就是这样走出来的。

日常生活中，大部分的人都是嘴上喊得震天响，身体却稳稳不动。如果你让他干点正事，借口理由一大堆，吃饭喝酒打麻将，比谁都积极。人生多的是拼出来的精彩，没有听说过等出来的辉煌。很多时候，只要我们勇敢一点，比别人多一点毅力，多一点行动的魄力，成功的天秤，往往就已经向你倾斜了；只要你想做，都不是难事，学会做行动的巨人才是正道。就像学游泳一样，你总是站在岸上，一辈子都不可能学会游泳。我们很多人的人生，都是被逼做出的决定和改变。所谓的困难，都是扛过去了的美丽故事！

虚荣心恰恰是穷人自身存在的一个重要原因。身边不少穷人稍微赚点钱富裕一些，就开始喜欢在亲朋好友面前吹嘘显摆，这一吹不要紧，往往会引来很多求助他的人，而他的财力与实力根本达不到与多人分享的地步。这就是久穷乍富难以抵挡众人哄抬的虚荣心，更像是内心深处存在着的"达则兼善天下"的英雄壮志。大方的爱借钱给别人的，小气的哪怕一毛不拔也会有人来投奔他，请他帮忙找个工作的。不少人认为只有亲朋好友才可靠，不信任专家内行，更多的是为了壮大自己的势力，扩大自身的话语权，他们更乐意拉亲朋好友入伙儿。这样带来的后果，往往是日后巨大的人情内耗。

知识、经验、智慧：认知提升是需要付费的

经典回望

物有本末，事有终始；知所先后，则近道矣。——《大学》

取乎其上，得乎其中；取乎其中，得乎其下；取乎其下，则无所得矣。——《论语》

你有花钱买经验的经历吗？愿意花钱买经验的倒不多，愿意花钱买教训的倒是很多。我们从小读书花钱买知识，花钱读大学，花钱读硕士，花钱读博士，这个听起来似乎没有什么问题。其实这些花钱买来的大部分都是知识，不是经验，更不是智慧。我们往往对知识和信息没有什么判断力，很多人遇到不了解的知识更多是上网搜搜，看上去效率很高，长时间来看效率很低，甚至带来的是误导和低智。

只有极少数人，在这个过程中花钱获得了经验和智慧。记得一位西方哲人说过一句话：即使你掌握了所有知识，其实生活的本质问题还是尚未触及。这句话一听有点道理，仔细一听真是发人深省。这句话和我一次进寺庙看到的一副对联有异曲同工之妙：暂住下来，黄斋白粥思量吃；若行回去，绿水青山仔细参。

中国古代很重视书道、师道和家道三个道统。当这些道统逐

渐消失的时候，有些时候光靠自己学习的书本知识单凭自己折腾，会让事情变得越来越复杂。寻到靠得住的书，找到靠谱的人，仔细参，认真学，自然事半功倍。

如今的时代光靠死读书已经不行了，读死书，死读书，读书死的情况屡有发生。花钱买经验，买智慧，切记不是买文凭，买知识，这样你才能少走弯路。古语云：近道，才是近道儿。

因为身边资源的缘故，经常有本地和外地的朋友，跑来请我帮忙介绍老师：我往往都会帮他们介绍价格贵的老师，有些人不解。其实学费贵一般都有贵的道理，学费贵的老师往往学生少，学生少水平又高，老师就会有更多的精力用在学生身上。这样你就越容易进步，中国文化很重视门槛儿，老师愿意领你入门，那说明开始走正道了。

其实，社会上的一些培训班也是这样的，往往学费贵的班，课程质量就会更高，你也更容易遇到高质量的老师和学生。这些老师和同学恰恰又可以成为你的资源，在这里你也更能学到更高质量的经验，对你的未来一定会物有所值。

学习是为了升级思维认知。古人云：取法乎上，得乎其中；取法乎中，得乎其下。学习其实也是如此，结交朋友，学习经验更是如此。

利益、道义、规则：人与人之间的关系原则

知不知，上矣；不知知，病也。圣人不病，以其病病。夫唯病病，是以不病。——《道德经》

君子尊德性，而道问学，致广大而尽精微，极高明而道中庸。温故而知新，敦厚以崇礼。——《中庸》

中国传统民俗文化有五个维度：天、地、人、神、鬼。正好也有五部经典小说对应着这五个维度。《西游记》说的是天上的事，《三国演义》说的是地上的事，《水浒传》说的是人间的事，《封神演义》说的是神仙的事，《聊斋志异》说的是鬼怪的事。说到底都是在说人的事。英国历史学家曾说："历史除了名字都是假的，小说除了名字都是真的。"看似充满鬼怪玄幻的让人们看得津津有味的情节，表达的也都是充满了"人情世故"的人间故事和世道人心。

物有根本，事有终始，关系是人情世故的底层逻辑，关系是人世间的根本所在。有时想想，唐僧师徒四人在求取真经的路上，历经的磨难，遭遇的各色各样的妖怪，这和我们在人生成长的路上遇见的各色人等，好人坏人不是一样吗？《西游记》中的各类妖怪大致可以分为有背景的和没背景的两种。其实，社会中就是这

样的一种情况，没有背景的靠奋斗，有背景的静静地等待成功就可以了。俗话说得好：穷人不折腾永远是穷人，富人不折腾永远是富人。

《西游记》中遇到有背景的妖怪时，孙悟空好不容易刚将其拿下，早不来晚不来，一切刚刚好。这时候在云间总会飘来一句话："大圣，手下留人！"这些天神的理由大致差不多，说这些妖怪曾经是他们身边的坐骑或书童，只因他们管教不严，它们偷偷地私自下凡危害人间。他们希望大圣放过它们，等把这些妖怪带回去一定严加管教。

此时的孙悟空一定不想得罪这些神仙，自然也就顺水推舟地把这些妖怪给放了，给神仙一个人情，今后也会有用得着各路神仙的时候。但是当孙悟空遇到一些没有背景的妖怪时，因为没有神仙飘过来求情，悟空没有那么多顾虑，一棒下去就魂飞魄散了。

日常工作中，领导到底喜欢懂事的下属还是喜欢有本事的下属呢？唐僧作为取经团队的领导，最喜欢的下属既不是神通广大的孙悟空，也不是憨厚老实的沙和尚，而是那个平日里好吃懒做又好色的猪八戒。其实我们的生活中也是如此，你通过观察身边人就可以知晓一二。那是因为猪八戒更"懂事"，在中国文化中会做人有时比会做事更有大用。往往神通广大的孙悟空会"嘿嘿嘿"地嘲讽师父，孙悟空忽视了一个领导的面子问题，不太懂人情世故。作为一个团长，唐僧怎么会喜欢一个经常嘲笑自己、顶撞自己、抓着自己错误不放的团员呢？

相比之下，猪八戒完全不是这样，别看他平日里好吃懒做，但只要师父唐僧有需要的时候，他比谁都积极，比谁都会鞍前马后。猪八戒眼里特别有活儿，当大师兄和师父意见发生冲突时，他会坚定不移地站在师父这边，并且他还时常想办法逗师父开心，这也就是我们常说纠缠型人格和五行相生之命格（木生火）。猪八戒这么"懂事"，哪个师父不喜欢呢？《西游记》看似说的西天取经降妖除魔的故事，其实都是人世间的人情世故。

鲁迅先生曾在《中国小说史略》这样评价《西游记》："神魔皆有人情，精魅亦通世故。"小时候看电视剧《西游记》，只觉得人物鲜活，故事曲折，师徒四人斩妖除魔好不快活。长大后再读《西游记》，才发现这虽然是一部神话小说，看似写神仙的生活，其实是字字珠玑，处处是世故学问。

《西游记》中唐僧师徒四人的关系，蕴含着人生的种种感悟和价值。只要我们能够理解和接纳这些关系存在的理由，理解和处理这些关系背后的内在逻辑，就可以更好地珍惜身边的人，更好地处理好与他们之间的关系，从而实现自身的人生价值。《西游记》看似打打杀杀的背后，仔细品读之后才发现里面全是人情世故的关系互联网。

记得电视剧《理想之城》有一句把关系这个概念，说得很透彻的话："每一张造价表就是一张关系表。"的确是这样，我们每个人上班下班，不都是利用自己的时间去换取生存的空间吗？每个人似乎都需要在单位里搞好上下级关系，就算是跟自己不在一个水平线上的那些人，也都要去维系相处的。因为人活一世，其实也就只有两种活法，一种是求人，一种是求己。

人与人之间第一位的关系，永远是切身的利益关系。只是在这个世道里，这个利益关系的实现，必须符合道义原则。你不能强抢与明骗，必须符合公认的游戏规则，不能自说自话自行其是。

人的认知往往有这样几个过程：不知道自己不知道，知道自己不知道，知道自己知道，不知道自己知道。《道德经》也有类似的话：知不知，上矣；不知知，病矣。

成长的过程中，不犯错的人是不存在的。我们常说，错不可怕，可怕的是同样的错总是还错，甚至一错再错。一个人做事出现错误，其实这时候的错误也许恰恰是问题解决机会之始，认真反思才是正见。失败是成功之母，说得多有道理。

现实告诉我，没钱连你最亲的人，都会瞧不起你；感情告诉我，不要以为你想的人，同样也在想你。当你毫无保留地信任一个人时，最终只会有两种结果：不是生命中的那个人，就是生命中的一堂课。

为什么绝大多数人都在抱怨现在？因为抱怨过去需要良好的记忆力，抱怨未来需要丰富的想象力，而抱怨现在只需要一张不知疲倦的嘴。工作是大家都不想做的事，所以社会通过报酬加以鼓励；娱乐是大众都想做的事，所以社会通过收费加以限制。

在人类认识世界、改造世界的过程中，"不可能三角"屡次出现也是常理，有些只关乎个人的选择，还有一些则关乎整个文明的走向。如何在其中做出取舍，有时决定了一个国家、乃至于人类的命运。这样几个认知是需要我们记住的：捍卫文明的不可能三角：胜利、裁军、绥靖主义必有一假；预言的不可能三角：伟大、准确、好的结果必有一假；历史写作的不可能三角：真实、深刻、有趣无法同时成立，也必有一假。

第四辑

读书明理

天真、地善、人美: 熟读靠得住的经典

富家不用买良田, 书中自有千钟粟。安居不用架高堂, 书中自有黄金屋。出门莫恨无人随, 书中有马多如簇。娶妻莫恨无良媒, 书中自有颜如玉。男儿欲遂平生志, 六经勤向窗前读。

——赵恒《劝学诗》

读万卷书, 行万里路。——董其昌

我们都知道, 中华优秀传统文化的核心就是圣贤文化, 圣贤文化的本质其实就是读书明理, 修身养性。"四书五经"之一的《大学》有"八条目"或"八正道"之说: 格物、致知、诚意、正心、修身、齐家、治国、平天下。这里的修身是中道。中者, 正也。中国儒道释文化对中道都有自己朴素的理解: 儒家说, 极高明而道中庸, 道家说极高尚而极适用, 释家说极高度而极日用。读书为了明理, 修身为了养性。明什么理? 养什么性? 明的是天理, 养的是天性, 天性就是天理, 天理就是良知, 就是良心。这也是我们常说的明天理, 致良知。

读书对一个人来说, 不仅仅是一个任务, 更是一个最重要的任务。一个人的出身不管怎么样, 他都是希望读书的, 城里人如

此，乡下人也是如此。那我们为什么要读书呢？读书就是为了明理，明的就是做人之理，这是孔孟之道的终与始。

对我们来说，知道读什么书才是最重要的。我们该读什么书呢？我们要读圣贤书。因为读圣贤书才能帮助我们解决做人的问题。再说得明白一点，就是要读《四书》，读《五经》，读诸子，读百家，读中华优秀传统文化经典。这些经典本身就是道，俗话说：近道就是近道儿。

中国有句俗话说得好："取法其上，得乎其中；取法其中，得乎其下。"大家往往会提出一个问题来，现在的社会已经发展到今天了，我们还读那些老古董，它还有用吗？有！因为这些道里面关心的都是人类永恒的问题，比如说：我是谁？我来自何方？我为何而来？什么是人生？什么是成长？什么是幸福？什么是智慧？什么是慈悲？什么是永恒……这些问题我们永远回答不完。

当我们打开这些经典时，孔子的一颗爱心，可以帮我们构建和谐；孟子的一股正气，可以帮我们平治天下；墨子的一腔热血，可以帮我们救助苦难；韩非子的一双冷眼，可以帮我们直面人生；老子的道法自然给了我们生活观；庄子的自由自在给了我们人生观；荀子的积极进取给了我们人生的态度。

古往今来，从这些圣贤身上，我们应该读懂一些什么样的理呢？我们应该读懂他们对人、对社会、对文明的理性态度；读懂他们对生存、对生活、对生命的终极关怀；读他们的书就是读人，读他们的书就是读人生，读他们的书就是读生命，读他们的书就是读智慧，就是读社会，就是读世界，更是读自己。

读圣贤书是为了学做人，这是终极目标。按照圣贤教导的为人之道，按照这个方向走，明理的问题就解决了。读书明理，修身养性，只有读了书，明了理，我们才会做人；只有懂得做人的道理，我们才知道如何齐家、治国、平天下。人生在世，无外乎四个字：做人做事，做好人，做好事，就有好人生。

熟读靠得住的经典，不但要读还要用，你也可以这样去试试。这不是鼓励你也靠读一本书走遍天下。书读百遍在工作的某个阶段很重要，因为站在巨人的肩膀上更有效，更有优势，显得你更高，但是不要自以为你更好，人生更重要的还是要懂得书读百卷。书读百卷，其意自见，才是至理。正所谓：书读百卷明是非，路行万里辨曲直。

坚持读书很重要，把读书变成一种生活更重要。你读的书足够多，你才会领略到什么是高维度。我们常说的维度其实就是自由度。读书要做到随时阅读、随性阅读、随缘阅读、随喜阅读。随是一种大智慧，随的是道，随的是势。读书读到最后就能读到明，读到诚，读到时，读到命，读到市，读到势。

读什么？说过了。何时读？随时读，随地读，睡不着时读，没事做时读，没能量时读，对书要充满感激地去读。书中自有天地人，书中自有真善美；读书的最高境界就是：书中自有黄金屋，书中自有颜如玉。

有用、无用、大用：腹有诗书气自华

经典回望

> 无用之辩，不急之察，弃而不治。若夫君臣之义、父子之亲、夫妇之别，则日切磋而不舍也。——荀子
>
> 世人皆知有用之用，而莫知无用之用也。——庄子
>
> 好利者逸出于道义之外，其害显而浅；好名者窜入于道义之中，其害隐而深。——庄子

当你开始离不开书的时候，你已经换了世界，因为腹有诗书气自华。

读书有四个维度：多读快读，聚焦阅读，提炼阅读，整合阅读。每一个阶段都是一座山，没有积极和足够的能量，往往都会知难而退，半途而废。

学以致用，这是读书重要的法则。无论做人还是做事，如果不能学以致用的书尽量不要去读。人生简单来说就是做人做事，如果对做人做事没用，对人生没用，你为什么要读？有用之用，无用之用都是用；有用之用为实，无用之用为虚，虚实皆为用，往往又会虚以控实。

徐悲鸿买马的故事大家可能都记得。徐悲鸿问马贩："你这一

匹马多少钱？"马贩回答说 5000 元。徐悲鸿说："我用我画的马，换你一匹马行吗？"马贩气愤地说："你这人脑子有病吧，要拿你的纸马换我的真马！"马贩不知道，那幅画价值 6600 万！

这个故事说明了，对于一个不了解东西价值的人，对于一个连了解的兴趣都没有的人，很难承载这样的财富。我们大部分人的思维都是有局限的，很多愿意为有形的东西买单。最有价值的东西都是无形的，你看看阳光、空气、水、智慧、经验是不是？

文以载道，以文化人。如果读了书不能化，那就不能称其为文化。文化本身就是一种能力，就是一种按照天地阴阳规律做人做事的力量。

读书慢不可怕，可怕的是你总是希望快。只有慢读了很多书后，你的速度不知不觉地就会提高。你到时拿起一本书，很快就能领略到其中的核心智慧，你就知道这本书该不该读，该花多少时间读，这都是自然而然的事情，那是因为你"近道"了，这时就会迎来一个"道法自然"的自由阶段。

碎片、阅读、框架：碎片化时代的阅读

经典回望

子曰：敏而好学，不耻下问。——《论语》

纸上得来终觉浅，绝知此事要躬行。——陆游

读书无疑者，须教有疑，有疑者，却要无疑，到这里方是长进。——朱熹

碎片化时代要学会如何进行碎片化阅读。我有一个很好的朋友，我们的阅读兴趣很接近，每次聊天都有突飞猛进的感觉。每天睡觉之前我都会浏览一下他的朋友圈。他是一个善于利用互联网读书的博士后，曾经在复旦大学攻读经济学博士。他的朋友圈就是一个阅读记录单，我会选择一下适合自己的文章和书阅读和听读，遇到好的文章我会把核心的几句话整理记录下来。一般情况，我整理的文字是这篇内容的1%。这样一段时间下来，我的一篇文章的思想框架也就成形了。

记得读大学的时候，我的导师常说一句话：天下文章一大抄，看你会抄不会抄；抄一本书是抄书，抄一百本那是研究。你看看学术研究文章那么多注释，就理解了学术研究就是这样形成的。

哲学是把一句话写成一本书，艺术是把一本书简化成一句话。碎片化阅读时间要学会用艺术的手段，很快汇聚符合自己思想框架体系的智慧，让你的思想框架体系更加立体化，更加艺术化，更加整体化。

我在外面讲座，有人经常举起手机拍PPT，我总是告诉他们不要拍，因为你拍回去也不看，只需认真听就可以了。哪怕一次讲座你觉得有一句话对你有用，能入你的心，能给你增加能量，这就是有效的，日积月累你肯定会与众不同。

还有的朋友来找我聊天，有的带着问题来，有的准备笔记本来记录，我都和他们说，你就好好喝茶观香就可以了，随意聊，自然聊，香茶之中自有天道；一句话，一个眼神，觉察到了，温暖到你了，震惊到你了，你感受到能量了，就足够了。不然你记了很多，回家还是零散的，无序的，下次遇到类似的事情，你还是无所适从。

中国传统文化的精义之言：一切用"心"就好了。

谋生、谋职、悟道：读书的门道儿

学而不思则罔，思而不学则殆。——《论语》

业精于勤，荒于嬉；行成于思，毁于随。——韩愈《进学解》

博学之，审问之，慎思之，明辨之，笃行之。——《中庸》

学，行之，上也；言之，次也；教人，又其次也。咸无焉，为众人。

——扬雄《法言·学行》

　　读书，是一种自我教化的方式。读书意义的呈现，不是读书本身，而是取决于我们读什么书。仅仅是为了获得知识的读书是没有快乐可言的。因为知识与善恶无关，与德性无关，与高贵也无关。读书不仅仅为了谋生、谋职、谋官，本质是为了悟道。真正的阅读是向一个伟人，向一个贤人，向一部伟大的作品致敬。读书既是个慢活儿，也是个细活儿，我们需要不断地如切如磋，如琢如磨。

　　至于哪些书是要读的，每个人的兴趣都不一样。按照古人的分法有四大类：经、史、子、集。古人构建自己的思想体系是按照天地人三才之道来构建的，关于这一点现代的人已经很不重视了。

经代表天，是不变的；史代表地，也就是社会，是会变的；子和集就代表人和物了。所以才有经能明道，史能明智，子明修身，集明做人。这四个分类也是按照天地四季，春生夏长秋收冬藏的特征来划分的。中国的文化属于门槛文化，找到这个"玄之又玄"的门才是最重要的。有太多的人花了终身之学，最后还徘徊在这个大门之外。

从我个人读书的情况来说，有三点可以分享：首先，选择兴趣点和关注点，譬如，当我关注"量子世界观和中国管理智慧"这个话题时，我会围绕着这个话题的科学属性，寻找中国传统文化相对照的中国管理智慧。我主要关注中华书局、上海古籍出版社、中州古籍出版社、中信出版社、机械工业出版社。这几个出版社出版的相关图书我都会买回来，分话题整合阅读，这样效果显著。其次，根据作者选择图书，譬如，我一旦关注一个作者的书的内容，与我的话题相似或者接近时，我会把这个作者所有的书都买回来，进行系统研究，总结这个作者核心观点进行融合归纳；第三，要学会分享所得观点，我的知止斋经常有朋友喝茶聊天，我会把做所总结的观点分享给他们，他们都觉得很受用。对我来说，也是加深记忆和整合融会的过程，效果比较明显。

陈云先生的九字真经对我非常受用：不唯上，不唯书，只唯实。九个字表达了三个层次的问题，很符合天地人三才之道的框架结构。其中的不唯书，说的是不能为了读书而读书，不能在书里走不出来，其实说的就是"理论联系实际"。上中下结构要联系在一起，只唯实，就是实在、事实、实际；书为知，实为行，二者结合才是知行合一。

第五辑

在关系中成长

选择、相处、放手：现代教育的起点与终点

经典回望

导之以政，齐之以刑，民免而无耻。道之以德，齐之以礼，有耻且格。——《论语》

上德不德，是以有德；下德不失德，是以无德。

——《道德经》

离娄之明，公输子之巧，不以规矩，不能成方圆。

——《孟子》

众所周知，要把握一样事物，最有效的方法是从两个点开始，那就是起点和终点。起点是基础，是凭依，没有起点，一切都是虚无的空谈；终点是目标，是理想，没有目标理想，人类社会只是动物世界。两点构成一条直线。把握了起点和终点，自然把握了方向和趋势，其过程纵有万般变化，亦是万变不离其宗，这样就会对其了然于胸。

"道之以德，齐之以礼"是孔子思想的经典名言。"道之以政，齐之以刑，民免而无耻。道之以德，齐之以礼，有耻且格"。知和而和，不以礼节之，亦不可行也。不成规矩，无以成方圆。礼是什么？礼是你好、我好、大家好的经验之集大成的归纳总结。东

方的学识体系更多的是经验总结传承，与西方的科学逻辑推理有很大不同。

礼，能和谐人与人之间的关系，但它不是从人性、人之心理上推断归纳出来的，它就是纯经验的积累修正。孔子有云："殷因于夏礼，所损益，可知也；周因于殷礼，所损益，可知也。"从此句话中可以看出，我们的传承都是在前一代的基础上不断调整而得到延续的。

我们知道，在一个家庭中，利益可以相让，生死亦可以相让，这就是"齐家"去私的一种最高境界。父母"去私"可以将生的机会让给子女；子女"去私"可以尽孝，也可以用自己的生命之火助推父母生的希望。这些就是维系社会的基础——家庭的延续，体现出"齐家"的真正目的"宜其家人"。

礼的最终的作用就是为了和，上下有序和谐社会的和。家庭中的每一个成员只有自己"修身""去私"，做到以身作则，方能够成为一个表率，才能使得大家庭的关系相宜，并最终带来社会的稳定与祥和。

一个懂得齐家之道的人，通常具有选择的能力、相处的能力、放手的能力。齐家之道就是对文化、对天下、对大家的思考，是力所能及地参与一些公益活动，改变自己，做点滴的事情，跟孩子在一起，跟父母在一起，跟社会在一起。

古代齐家之道可以作为我们现代家庭教育的起点和终点，因为这里有建设家园的美好理想；这里有应对变革的思想资源；这里有凝聚人心的价值体系；这里有指导人生的智慧结晶。

伦理、事理、道理：三人行，必有吾师

　　子曰：三人行，必有我师焉；择其善者而从之，其不善者而改之。——《论语》

　　颜渊问仁。子曰："克己复礼为仁。一日克己复礼，天下归仁焉。为仁由己，而由人乎哉？"

　　颜渊曰："请问其目。"子曰："非礼勿视，非礼勿听，非礼勿言，非礼勿动。"颜渊曰："回虽不敏，请事斯语矣。"——《论语》

　　《论语·述而》有云"子曰：三人行，必有我师焉；择其善者而从之，其不善者而改之。"意思是说，别人的言行举止，必定有值得我学习的地方。选择别人好的学习，看到别人的缺点，反省自身有没有同样的缺点，如果有，加以改正。这里说的正是人与人之间关系的处理之道。

　　中华文化有着"十五字真经"的思维框架：仁义礼智信、温良恭俭让、孝悌忠勇诚，这是中国人入世的一把金钥匙。作为一个中国人，千万不要小看其中的逻辑，明白了其中的底层逻辑，你就能在生活中拥有更多的自在。这十五个字恰恰对应的是上、中、下三层框架下运行的规则。这里的上、中、下三层框架，最重要的着眼点恰恰是处于中道位置上的"礼、恭、忠"三个重要支点；这也是我们在工作和生活尤其需要注意的，一定不能小觑。

我们小时候看《西游记》发现孙悟空很厉害，一个筋斗十万八千里，大闹天宫。长大后才知道主要是悟空的师父唐僧才厉害。唐僧看似"无能"实际上他拥有的才是"无限能量"。他的"无限能量"来自中国传统文化的"十五字真经"里面，他去取经之前已经参透了其中的奥妙。所以说，唐僧师徒四人虽然历尽坎坷，经过九九八十一难后还是取回了真经。

《周易》文化最重要的奥秘是对"时、位、气"的把握，什么时间什么位置就做什么事，在其位谋其事。知时、知位、知气就是孔子的"不知命，无以为君子；不知礼，无以立，不知言，无以为人"的"生命三知"。"知命"就是"知时"，"知礼"就是"知位"，"知言"就是"知气"。中国传统文化之间都是互通、互补、互妙的。从这点来看，唐僧一定是熟悉中国传统文化密码的重要传承人。

我们看看唐僧"上"层有唐王、观音和如来，"下"层有三个徒弟、白龙马。唐僧每次见"唐王、观音和如来"都很庄重，不仅焚香祷告，而且还要穿上压箱底存放着的锦澜袈裟，拄着九环锡杖，虔心俯首叩拜。每一个礼节都一丝不苟，做得既到位又恭敬。此时作为一个处于"中"位的唐僧来说，他的做法深受处于"上"层的礼遇和信赖。

反观唐僧的几个徒弟就随意多了，见了处于"上"层的唐僧基本说了声"喏"就算行了礼，更不会专门做好着装和礼仪上的修饰，处于"中"层的这三个徒弟来说，显然是不够恭敬的，没有像师父那样地恭敬地对待处于"上"层的人。这也是唐僧的行事智慧。

在我们的日常工作中，社会中的每个单位、每个组织、每个家庭往往也是循着"三生思维"展开的，三层结构也就自然而然地形成了。

"仁、义、礼、智、信"的五常之道，最初是对贵族和君子的言行要求，后来成了古代社会做人最起码的伦理原则，用来处理和谐和作为个体存在的人与人之间的关系，社会的各种秩序也由此展开。"五常之道"也就成了一切社会成员间理性的沟通原则、感通原则、谐和原则。

"孝、悌、忠、勇、诚"是中国人的"齐家之道"。"忠孝"是中国人的两道窄门，也是每个中国人无所逃的窄门。孝，是中国传统文化中最重要的价值观念之一。孔子论"孝"说了三句话："生，事之以礼；死，葬之以礼，祭之以礼。"孔子的短短十四个字把一个人的"前世、今生、来世"都给讲清楚了，一切皆遵循"礼"的秩序。"义"是为国尽忠，为国家服务。此二者是不可逃避的义务。子女孝养父母，臣子服务国家，无论什么处境、无论任何事情都要安置好，尽心尽力去做，这是"忠孝"的最高境界！

中国人喜欢讲理，很多人对这句话又时常知其然而不知其所以然。这个理到底是什么理呢？中国人讲的理其实是"伦理"，这里的"伦理"中国人又常说"懂事理"，就是"懂事儿"；这里"理"就是一种"伦理"，它讲根本不是西方人讲的"道理"和"真理"。这一点如果你悟到了，在我们的生活和工作中会减少很多麻烦和苦恼。希望这些简单的道理，能在实际生活中得到真正的理解和重视。

纲常、伦理、管理：从三才到四观

有天道焉，有人道焉，有地道焉。兼三才而两之，故六。六者非它也，三才之道也。——《周易·系辞下》

三纲者，何谓也？谓君臣、父子、夫妇也。——《白虎通义》

五常之道，仁、义、礼、智、信也。——王充《论衡》

四诗风雅颂，三才天地人。——苏东坡

何谓三才？即是天、地、人三才之道。何谓四观？即是人类命运共同体"和合四观"：天人合一的宇宙观、协和万邦的国际观、和而不同的社会观、人心和善的道德观。天地人三才之道是古代中国人的文化传统，中国人的文化都是从这里展开的；四观是现代中国人的文化传统，中国人的现代文化也将从这里展开。古往今来，中国便有了一个文化的传承和延续，其内部逻辑就是中华文化的和合精神。

从三才之道到四观之道说的都是关系：人与自然，国家与国家，人与社会，人与人，人与己的关系，里面蕴含着三位一体，四位一体和五位一体的连接关系。

中国古代注重纲常伦理。何谓纲常？何谓伦理？如果用现代的表述就是：纲常可以理解为现代的管理，伦理可以理解为现在的自由。

我们在工作中，首先要搞清楚关系背后的伦理逻辑，搞清楚这个逻辑后，做事也就顺畅了。中国是一个关系社会，一切都在关系中。有时看似很直接的关系，有时候又很间接；有时看似很间接的关系，有时又很直接。重视关系、理解关系、理顺关系正是中国人的社会之道，也是中国人的人情世故。

记得有句对联把古今中外、天地人之间的关系说得很妙：笑古笑今，笑东笑西笑南笑北，笑来笑去，笑自己原来无知无识；观事观物，观天观地观日观月，观上观下，观他人总是有高有低。

世界是现成的，每个人眼中的世界都是不一样的。人从某一种角度看到的世界是一种世界，从另一种角度看到的世界却是另一种世界。我们眼中的世界应该理解为人的生活世界。世界可以从三个维度来理解：自然世界、社会世界与伦理世界。从这个角度来看，我们可以从三个关键词来表达量子世界观视野下的世界：自然世界上的阴阳，社会世界上的是非与伦理世界上的善恶。所以，阴阳、是非与善恶是我们观察生活世界的核心关键词。

在三个世界中，首先是自然世界，也就是我们理解的天地及其间的万物。"三生万物"的演变法则也告诉我们可见可感为"阴阳"，不可见不可感为"冲气"，阴阳为"三气"而不是我们常说的"二气"，阴阳思维的本质是"一分为三"的思维模式，这个观点和量子的科学属性也是非常吻合的。天地也是自然、宇宙的简称。

天地合气，化生万物。故我们常说：天有阴阳，地有刚柔，人有仁义。

人与自然的关系密切，人不能只生活在自然世界中，与鸟兽同群，还需要生活在社会世界即政治世界中，参与到与人、家庭、组织和国家的互动中来。事实上，人只有首先生活在社会世界里，然后才能生活在自然世界中。社会世界是人与物的聚集，是人与人建立的生存共同体。

人在日常生活世界里面，不仅和人打交道还要和物打交道，由此也就会产生各种各样的"是是非非"，我们经常说的"物是人非"，也会发出"别时容易见时难，流水落花春去也，天上人间"的无限感慨。"是非"爻动和"阴阳"爻动也有非常相像的道理："是是非非""非非是是""无是无非"。

人与世界的关系存在两个方面：世界是人的世界，人又是世界的人。我们只能生活在人类能理解的世界之中，人生在世正是在这个唯一的世界里存在、思考和言说。

传统社会中儒家倡导的是仁义礼智信、温良恭俭让、孝悌忠勇诚的伦理社会，古代"修身、齐家、治国、平天下"的社会也是伦理社会。伦理社会中善恶问题又是一个无法避开的话题，自古以来就是。

孔子的性仁，孟子的性善，荀子的性恶，王阳明的为善去恶，都是伦理社会中围绕善与恶的讨论和认识，目前还是常常出现在我们的文章和书籍中。善恶这个话题如果从量子世界观的角度我们可以把王阳明的四句话试着调整一个顺序进行理解：有善有恶心之体，知善知恶意之动，为善去恶是格物知，无善无恶致良知。

　　阴阳也好，是非也好，善恶也罢，当遇到充满不确定性的人来说，权衡利弊是全人类的元法则，个人如此，组织如此，国家也是如此。故量子世界观有了四个核心关键词：阴阳是天地人间的本源之理，善恶是人间的伦理之理，是非是宇宙的客观之理，利弊是人类自我保护的主观之理。

　　量子世界观告诉我们：世界是确定性，是有序的，只有人是不确定的；以目观物，以心观物，以物观物，主观、客观高度统一，高度融合，才能迎来你的天人合一之境。

身性、心性、德性：中国人的精神家园

> 大学之道，在明明德，在亲民，在止于至善。知止而后有定，定而后能静，静而后能安，安而后能虑，虑而后能得。——《大学》
>
> 天命之谓性，率性之谓道，修道之谓教。道也者，不可须臾离也，可离非道也。——《中庸》

《大学》开篇提出三纲领，即"大学之道，在明明德，在亲民，在止于至善"。《中庸》开篇提出"天命之谓性，率性之谓道，修道之谓教"。这里所揭示的，都是儒家的三纲之间的关系："性、心、身"。"性心身"即是"身心性"，和西方提到"身心灵"是一个问题的两种表达。中国传统文化中的身性、心性、德性与西方文化的身性、心性、灵性都是三位一体结构。中西的三位一体都涵盖了人之为人的生命权、自由权和幸福权。

中国文化的身、心、性有什么关系呢？性在心之上，无心不显性；身在心之下，无身不显心。如果离开了天性丧了良心，身就可以无恶不作。性存天理，心存道理，身尽情理，就可以立德于社会，从而达到止于至善的最高境界。

性存天理，有仁；心存道理，有智；身尽情理，有勇。正所谓：大仁者必慈，大智者必谦，大勇者必涵。慈是一种精神，谦是一种心境，涵是一种境界。所以古人说：勇大于仁，谓之暴；才多于德，谓之妖。孔子又说：仁者不忧，知（智）者不惑，勇者不惧。真正的仁德，是以爱作为根基的，而爱先从自己开始；真正的智慧，不仅能明察眼前，而且还能预见未来；真正的勇气，并不是去压倒一切，而是不被一切所压倒。

《大学》中有"格物、致知、诚意、正心"，这四个词重点说了物和心的关系问题。心随物转是一个过程，往往会走向物是人非；物随心转，是一种境界，往往迎来的是春华秋实。我们的人生有三层境界，境界之间都是关系：物质生活境界是为了安身，需要处理好物与物的关系；精神生活境界是安心，需要处理好人与物的关系；灵魂生活境界是为了安神，需要处理好人与天地之间的关系，也就是以物观天地了。

进入 21 世纪，我们突然发现，人类的本质意义得到了扩充和挑战；人类的智能水平、物质文明得到了前所未有的突破和提高。人类所生活的这个世界，从来没有像今天这样离我们这么近又是这么远；人类历史上从来没有像今天这样，充满变革又激动人心；我们的生活从来没有像今天这样丰富多彩，而又从来没有像今天这样焦虑；人类生活从来没有像今天这样，这么容易而又这么难，很多复杂无比的事情往往不费吹灰之力，又有很多简单的事情往往又费尽全力，结果总是又无能为力。

这就是我们所处的时代，这是一个伟大的、不可测而且又测不准的量子时代。秩序与不确定性从此会越来越纠缠，正所谓：你有你的计划，世界另有安排。

格物、致知、诚心：打开你的新世界

> 格，至也。物，犹事也。穷至事物之理，欲其极处无不到也。格物者，格，尽也。须是穷尽事物之理，若是穷得两三分，便未是格物，须是穷尽到得十分，方是格物。
>
> ——朱熹《四书集注》

> 格者，正也，正其不正以归于正之谓也。正其不正者，去恶之谓也。归于正者，为善之谓也，夫是之谓格。
>
> ——王守仁《大学问》

《大学》"八条目"说的就是"格物、致知、诚意、正心、修身、齐家、治国、平天下"。我们现在说的观察世界、接触世界的过程也是"格物致知"的过程。所谓"格物"，是我们提升认知的一个重要方式，也是对认知范围内的事物认知的程度，格物就是为了处理关系。

历代对格物的理解也不尽相同。北宋司马光认为，格物就是用强有力的手段抵御外物；北宋程朱理学认为，格物就是追根溯源，穷尽根本，是磨砺心智；南宋朱熹认为，格物范围太广，天空大地、小桥流水、坐轿、骑马，以及人的心灵道德等，都需要格物。

明代王阳明则认为，无善无恶心之体，有善有恶意之动，知善知恶是良知，为善去恶是格物。他认为，思考宏观世界和微观世界的同时，也要保持内心的独立与自由，不要被外物凡尘所困，要正心体悟世界的真相，这就是格物。

格物的本质是用智慧观照万物。如何去格物呢？格物妙观察。"妙观察"就是最好的格物，智慧的人善于观察，他的心犹如明镜，能照出世间万物，自己往往又如如不动，平静如水。

所谓致知，本质是完善所学的知识。人与世界接触的时候，会学到各种各样的知识，但并不是每一种知识你都会很熟悉。我们常说"我知道"，其实有时候未必知道，最多也是知其然而不知其所以然而已。我们对很多知识都是一知半解，甚至有些人只是把知识作为谈资。如果这样的话，就体会不到知识带来的快乐了。

知识的乐趣在于打开一个新世界，让你学会从另一个角度去思考，去看看另一种思维所构成的世界，去了解一种陌生的生活，或是一个陌生的人群，或是一个陌生的职业，或是一个陌生的心情，等等。世界很奇妙，全在我们的内心。正所谓：你有你的精心筹划，世界往往漫不经心。

有一个《评说玫瑰》的小故事一定会给你带来不同的思维视角：

一对孪生姐妹走进玫瑰园，不多久，姐姐跑回来对母亲说："妈妈，这里是个坏地方！"

"为什么呢，我的孩子？"

"因为这里的每朵花下面都有刺。"

不一会儿，妹妹跑来对母亲说："妈妈，这里是个好地方！"

"为什么呢，我的孩子？"

"因为这里的每丛刺上都有花。"

母亲听了，沉思起来。

世间万物既有好的一面，又有坏的一面，关键在于你从哪个角度去看。

格物致知的"知"可以理解为知天、知命、知人、知物。知天就是知天时、明时势，知道世界会在什么时间，会用什么方式支持你；知道什么时候该动，什么时候该藏，知道什么时候该出，什么时候该隐，能敏锐地观察世界的变化。

这里还有一个小故事，谈的就是如何看待我们生命中的时机。若干年前，在巴黎的一家咖啡馆，一位在法国专攻东方情调油画的中国画家，经人介绍，与当地一位大红大紫的画界评论权威见面。

彼此落座，略事寒暄，画家便迫不及待地要打开随身带的画卷，恭请对方品题——谁都知道，评论家德高望重，慧眼独具，画作一旦经其赞誉，立马身价百倍；退而求其次，即使被他指教一下，也将终身受益无穷。

可是，没想到评论家"霍"地按住他的手，说："别急，我先问你两个问题——第一，你几岁出国？第二，你在巴黎待了几年？"

"我十九岁出国，在巴黎待了九年。"

"噢——，如果是这样，画就不必打开了，我根本就不用看。"评论家面露微笑，那口气，却坚决地不留一点余地，"这是因为，你十九岁就出来了，那时毕竟年轻，还不懂什么叫中国。在巴黎九年，也嫌太短，你也不知道什么叫西方。既昧于己，又昧于彼，想想看，你的画还有什么值得让我品评的？哪里还需要打开？"

与我们相遇的一切，其实都是我们的心所感召的，人也好，事也罢，时机也是如此。如果我们有一颗利他的心，合适的时机也必然会感召与我们一样的人，去一起创造对世界有益的事情；如果我们有一颗利己的心，再加上缺少合适的时机也必然会感召与我们一样的人，发生一些为达目的不择手段的人间故事。世界是心的倒影，心是世界的导演。

如今的时代，成年人的崩溃歇斯底里，孩子们的倒塌悄无声息。每个成年人的世界里都有一堆下酒的故事，每个孩子的世界也有过为赋新词强说愁的惆怅；每个人都有过脆弱不堪的时光，每个人也有过刀枪不入的岁月。内卷时代最需要的是诚其意，正其心，认识到自己的平凡和普通。

我们身边太多的人，一生拼尽了全身力气，到最后也只活成了一个普通人。人这一辈子，百分之九十九的人百分之九十九的可能都是平凡和普通的，只有安于平凡和普通，才有可能不平凡和不普通。这句话虽然很残酷但很真实，很有效，避免太多不必要的受伤。

牛顿世界观眼中的世界是客观物质的集合，世界是物质的；量子世界观眼中的世界是关系的集合。移动互联时代的本质，最重要的是关系，并将这些关系连接起来创造价值。

事物和关系其实是一回事。这是量子世界观对商业模式的启示。在商业上，我们既可以着眼于事物，也可以着眼于关系。在我们走向世界走进生活中时，要学会观察，懂得等待，坚守好明德之道，相信一个属于你的新世界一定会为你打开。

第六辑

贵人相助

为学、交友、悟道：遇见你的贵人

　　子曰：学而时习之，不亦说乎？有朋自远方来，不亦乐乎？人不知而不愠，不亦君子乎？——《论语》

　　子曰：不知命，无以为君子也；不知礼，无以立也；不知言，无以知人也。——《论语》

　　横看成岭侧成峰，远近高低各不同；不识庐山真面目，只缘身在此山中。——苏东坡《题西林壁》

　　天地与我并生，而万物与我为一。——庄子

　　人们常说，一命、二运、三风水、四积德、五读书、六择业、七嫁娶、八遇贵人、九养生。这就是我们每个人的人生九境，其实每一境都需要智慧，每一境都需要机缘，这里排在第八位的是遇贵人，说明贵人相助在人的一生中是非常重要的一境。

　　人的一生会遇到很多人，古代的五伦所说的人伦关系，即君臣、父子、兄弟、夫妇、朋友五种关系，这里面都有可能成为我们的贵人。为学与交友是我们人生提升和遇到贵人的一般路径。这也是孔子说的为学之"说"和交友之"乐"，为学是自己的努力，交友是与人相处的乐趣。"说"和"乐",如果用今天的话来说就是幸福。

《论语》开篇就给了我们幸福的指引,恰恰与己是快乐的,与人也是快乐的。幸福快乐在人生的位置是很重要的,是排在第一位的。入世出世在世,中国人特别强调在世的观念,"说"和"乐"根源在此,"未知生,焉知死"的根源大概也在于此。

如果人的一生早晚都有失败,早一点失败比较好;如果人的一生早晚都有成功,晚一点成功比较好。

如何才能遇见你的贵人?真诚,真的真诚。正如电视剧《安家》的一句台词很有意思:不设防,就是最好的防御方式。真来自天,在天理的运行下表现为真;诚来自言,能兑现的话言就讲,不能兑现的话言就不讲,这才是真诚,真的诚。人生在世,欲想成事,务必要真诚。

《大学》中的"八条目"中的"前四目"说得很明白:格物、致知、诚心、正心。"格物致知"说的是接触社会通过学习提升认知;"诚意正心"说的就是通过提升认知后如何和别人打交道。当一个人真诚待人后,对方的不真诚就会很清晰地呈现在自己面前,这个时候你如何作选择就容易多了,可进可退,自由自在。

"横看成岭侧成峰,远近高低各不同;不识庐山真面目,只缘身在此山中。"这是苏东坡的哲理诗《题西林壁》。苏东坡通过这首诗来启示我们应该如何认识自我。中国传统文化这样的视角很多,"以铜为镜,可以正衣冠;以人为镜,可以明得失"是认识自我的视角,"尺有所短,寸有所长"是认识自我的视角,"吾日三省吾身"是认识自我的视角。对一个物体观察的方向不同就会有不同的结果。"横看成岭侧成峰,远近高低各不同",苏东坡在这里借景说理,正是要告诉世人,观察问题、看一件事物应客观全面,仅靠主观片面只看表面,很容易被事物所左右,不能够看清楚事物的本来面目。

这是一首哲理诗,这是一个关系与关系的量子纠缠现象。人与人之间就像物与物之间一样,他们存在的关系取决于观察者的视角和关注点。观察者的立足点、立场不同,就会得出不同的结论。只有让人们摆脱了主客观的局限,置身庐山之外,高瞻远瞩,才能真正地看清庐山的真面目。这首诗启示我们,要认清事物的本质,就必须从各个角度去观察,从感性、理性和感知三个方面去思考和观照事物,这样才不会似是而非、似非而是。

舍得、感恩、成长：留心处处遇贵人

鱼，我所欲也；熊掌，亦我所欲也。二者不可得兼，舍鱼而取熊掌者也。——孟子

将欲取之，必先予之。——老子

投之以桃，报之以李。——《诗经》

慈母手中线，游子身上衣。临行密密缝，意恐迟迟归。谁言寸草心，报得三春晖。——孟郊《游子吟》

我们走进社会，进入职场，有些关系的本质还是要早一点明白为好。有个段子是这样说的：首先自己要行，其次要有人说你行，第三说你行的人要行，最后你的身体要行。历史电视剧《宰相刘罗锅》里面有句经典的台词："故事里的事说是就是，不是也是；故事里的事说不是就不是，是也不是；故事里说你行你就行，不行也行；故事里说你不行就不行，行也不行。"故事的人和事，都是生活的人和事；古今的事没有变，只是换了人。虽然里面说的有些调侃，但是话里透出的本质认知，还是值得我们人生切记的。

留心处处遇贵人。移动互联网时代遇见贵人、牛人说容易很容易，说难又很难。走出去，学会改变自己，你的圈子也就跟着改变了。我们需要记住：首先成为别人的贵人，方能遇见更多你的贵人。

学会付出，舍得付出是遇见贵人的主要方式。

学会感恩不小气，身边常备伴手礼，送出去的都是福，送出去的都是福气，礼到福气自然来。

关于成长的话题是我们最熟悉不过的了，古代中国将其常称之为"教化"。《中庸》曰："天命之谓性，率性之谓道，修道之谓教。"这里说的教化往往又是和中国古代文化倡导的礼乐文化分不开的，背后注重的是秩序的养成。舍得和感恩教育正是人类成长必需的教化，这个过程就是生命意义所在。

何谓成功？成功是用心力完成一件有意义的工作。

爱因斯坦算不算成功？如果你是一个女人你愿不愿嫁给他？

贝多芬算不算成功？如果是你愿不愿意成为他？或者你愿不愿意让你的孩子成为他？

梵高算不算成功？如果你是一个女人，你愿意嫁给他吗？

苏东坡算不算成功？如果是你愿不愿意成为他？

所谓成功并不在于你手上有什么，而在于你愿意付出什么，或者在于你愿意放弃什么。

我们都可以选择不同的成功，但是成长的根本是不变的。成功来自教育带来的有序成长，成长来自教育带来的生命力量。生活幸福是一种成功，功成名就是一种成功，成为别人心中的榜样是一种成功，为历史作出贡献也是一种成功。关键在于，你主动选择了什么，又能接受放弃掉什么。

人生的过程就是不断追求成长、成功和幸福的过程。有一点我们要有个清醒的认知：99% 的人 99% 的可能性，一生都是普通和平凡的。学会安于平凡和普通，才有可能成就你的不平凡和不普通。

终身成长需要终身学习，终身学习才会终身成长，只有持续成长你才有足够的价值积累，你有足够的价值才会得到更多的价值回报。人与人的交往，说得彻底一点就是价值交换，你要保证你持续有价值，不然你可能很难持续遇到贵人。因为人生说短它很长，说长又很短。只有你持续成长了，你的影响力才会持续，才会与人有更强更多的连接，你的财富才会持续增长。

任务、结果、预期：做一个靠谱的人

经典回望

城阙辅三秦，风烟望五津。与君离别意，同是宦游人。海内存知己，天涯若比邻。无为在歧路，儿女共沾巾。——王勃

寒雨连江夜入吴，平明送客楚山孤。洛阳亲友如相问，一片冰心在玉壶。——王昌龄

七条弦上五音寒，此艺知音自古难。唯有河南房次律，始终怜得董庭兰。——崔珏

我们常说，大事看能力，小事看人品。有人曾对靠谱的人总结过三句话：凡事有交代，件件有着落，事事有回音。三句话看似简单，实际是在讲一个闭环逻辑。如果你给别人发了一个消息，别人半天不回你，你是什么感觉？到底是他不想回呢，还是不屑回呢？不管是哪个原因，给你留下的印象都是对方不可靠。这样的事情很多人都遇到过，给人的印象就是三个字：不靠谱。

靠谱的人永远不会让别人催着去做事，对方第一次追问你的时候，就已经觉得你的不及时了；第二次再催的时候，就觉得你是不靠谱的人了。靠谱的人，做事情一般不会半途而废，答应别人的事情不管做不做得到，都需要给对方一个答复。不管大事小

事做到闭环的人，才是靠谱的人。

靠谱，正在变成一个人社会生存的首要条件。这个变化其实有一个大趋势在起作用。人的成长有四个阶段：自然阶段、功利阶段、道德阶段、慈悲阶段。这四个阶段功利阶段是必须经过的，功利不是俗气，功利是迈向道德和慈悲阶段的必经之路，也是拥有智慧和慈悲的必经之路。如果你不是出身名门和富贵之家，你还是老老实实走通这条道才是上策。

当你持续成长拥有了价值之后，你不去靠近别人，别人也会靠近你；因为别人靠近的不是你，而是他需要你具有的价值。

当你能提供价值的时候，你的贵人自然就会多起来，不信你可以去生活中试试。给别人靠谱的印象，是遇见贵人很重要的要素。

接得住任务，做得出结果，符合心理预期，交代任务有回声，完成任务有交代。管理任务，管理预期，管理过程，都是树立靠谱印象的重要因素。

总之，做一个靠谱的人很重要。

饭局、缘分、价值：活出生命的意义

三生有幸遇贵人，雨夜独行把伞撑；嘘寒问暖显真意，双眼潸潸泪盈盈。——中国谚语

此身已老，三径荒都长扫却。面目尘昏，怕著朝章揖贵人。难瞒明眼，只有青山堪作伴。触事心凉，无病何劳更觅方。

——吴儆《减字木兰花》

丞相祠堂何处寻，锦官城外柏森森。映阶碧草自春色，隔夜黄鹂空好音。三顾频烦天下计，两朝开济老臣心。出师未捷身先死，长使英雄泪满襟。——杜甫《蜀相》

一个人想要成功四个要素值得记取：一要贵人相助，有人帮助你做事情，对你的支持很大；二要高人指点，有人给你出主意，让你避免走弯路；三要神人保佑，你的运气需要好，神人出现，神奇自来；四要小人监督，需要有人嫉妒你，有人监督才会"惕龙"乾乾，稳健前行。

有人说，活得通透的人，不需要一场又一场的饭局，你需要的是一次次有价值的遇见。这句话说得很有道理，现实生活中，肯定有很多必不可少的应酬，自己组织或者别人组织的饭局，当

然也是非常需要的。

年轻的时候，你需要的人脉和圈子，往往就是在各种饭局上认识的。一个人从走出大学校门，相互之间的纠缠基本围绕着"功利"两个字。随着年龄的增长，纠缠的力量也在减弱，有的人远去了，有的人上车了，有的人下车了，所以才有人认为"活得通透的人不需要一场又一场的饭局"。这其实与年龄和阅历有关，如果你没有这么多的饭局，你哪里悟得到这样的道理呢？

我们常说的关系纠缠可以分为两类：强联系和弱联系。经常见面的好友与同事属于"强联系"，关系不亲密的人属于"弱联系"。岁月中多数时候，我们去的饭局，结交的都是一群陌生人。如果你自身不优秀，你认识再多的人也没有用。

这里想到关于柏拉图的小故事：

古希腊哲学家柏拉图在风烛残年之际，把助手叫到床前说："我的蜡所剩不多了，得找另一根蜡烛接着点下去，你明白我的意思吗？"

"明白，"那位助手赶忙说，"您的思想光辉是得很好地传承下去……"

"可是，"柏拉图慢悠悠地说，"我需要一位最优秀的承传者，他不但要有相当的智慧，还必须有充分的信心和非凡的勇气……你帮我寻找和发掘一位好吗？"

"好的，"助手很温顺很尊重地说，"我一定竭尽全力地去寻找。"

柏拉图笑了笑，没再说什么。

那位忠诚而勤奋的助手，不辞辛劳地通过各种渠道开始四处寻找了。可他领来一位又一位，总被柏拉图婉言谢绝了。

有一次，当那位助手再次无功而返地回到柏拉图病床前时，病入膏肓的柏拉图硬撑着坐起来，抚着那位助手的肩膀说："真是辛苦你了，不过，你找来的那些人，其实还不如你……"

"我一定加倍努力，"助手言辞恳切地说，"找遍城乡各地，找遍五湖四海，我也要把最优秀的人选挖掘出来，举荐给您。"柏拉图笑笑，不再说话。

半年之后，柏拉图弥留之际，最优秀的人选还是没有眉目。助手非常惭愧，泪流满面地坐在病床边，语气沉重地说："我真对不起您，让您失望了！"

"失望的是我，对不起的却是你自己。"柏拉图不无哀怨地说，"本来，最优秀的就是你自己，只是你不敢相信自己，才把自己给忽略、给耽误、给丢失了……其实，每个人都是最优秀的，差别就在于如何认识自己、如何发掘和重用自己……"话没说完，一代哲人就永远离开了他曾经深切关注着的这个世界。

这个故事说的就是我们要在认识自己，成就自己，只有成己达己的时候，你才有可能认识更多和你一样的人。

饭局，往往不是简单的聚会。职场里的饭局，请谁吃、去不去、吃什么，都是大有文章的。真正聪明的人，可以随着年龄、阅历逐渐减少，尽量不要轻易去赴一场贸然的饭局。需要强调的是，也不要拒绝所有的饭局。

记住一句话：遇上贵人的机会往往也在饭局上。

我们常说，线上见面百十遍，不如线下一顿饭。

多请客，喝点小酒，三分酒七分熏。别人请客不空手，不带茶叶带烟酒；朋友越多局越多，时间长了啥都有。顺着话题找话题，瞎聊白聊度时光。

吃出缘分，喝出价值，才能活出生命的意义。

温故、知新、崇礼：高贵的灵魂，简朴的生活

君子尊德性，而道问学，致广大而尽精微，极高明而道中庸。温故而知新，敦厚以崇礼。——《中庸》

河汾房杜有人疑，名位千秋处士卑。一事平生无齮龁，但开风气不为师。——龚自珍《己亥杂诗》

《中庸》有云："君子尊德性，而道问学，致广大而尽精微，极高明而道中庸。温故而知新，敦厚以崇礼。"意思是说，君子尊崇道德修养而追求知识学问，达到广博境界而又钻研精微之处，洞察一切而又奉行中庸之道；温习已有的知识从而获得新知识，诚心诚意地崇奉礼节。

在中华优秀传统文化中，"温故、知新、崇礼"是三个生命过程的重要秩序。"温故"是"学而时习之"的秩序，"知新"是"朋友自远方来"的秩序，"崇礼"是"人不知而不愠"的秩序。儒家文化的"三纲五常"本质就是秩序之学，是有管理有自由的秩序。在这个秩序之中，最重要就是"崇礼"而带来的秩序，这样的秩序恰恰是"成己、成人、达己、达人"的秩序。

孔孟老庄说的都是秩序，有社会秩序，有自然秩序，有心灵

秩序，有认知秩序。孔子孟子荀子强调的秩序是维护秩序、守护秩序，在强调秩序的同时，也强调人的主动性、能动性。

陆九渊的秩序是"吾心即宇宙，宇宙即吾心"；王阳明的秩序则是"吾性自足，不假外求，心即理，致良知，知行合一"。

王阳明心学的实质不是否定秩序而是融合秩序，将内在的秩序与外在的秩序融合起来，将主观与客观，主体与客体的秩序恰如其分地融合起来。心即理是主动能动的秩序，但是每个人的心是不一样的，有的人沉溺于主观世界，忽略客观世界；有的人只关注主观世界，不在乎他人；人心的层次不同，也就有了理的区别，甚至陷入冲突和对抗。

作为儒家文化的核心智慧"极高明而道中庸"，说的就是正心问题，说的就是"止于至善"的学问。意思是说，就算你达到很高的境界了，也不能把自己的境界如实地显示出来，你展现出来的境界，必须是被世界能接纳和理解的。否则，无论你的境界多高，也得不到世界的认可。从这个意义上来说，高贵的灵魂，简朴的生活才是人生的至高境界。

胡适先生曾盛赞龚自珍说："读书不为稻粱谋，但开风气不为师。"意思是说，大师是开创一代风气的人。即便如此，他也不会强迫别人遵从他所开创的风气，避免好为人师。我们知道，每个人都有一个世界，都有自己的一套生命程序，没有必要用自己的程序去干预别人的程序。这就是儒家的正心训练，注意分享的度的把握。学会说话，中庸处世，恰到好处，极高明而道中庸。

当我们踏入社会的时候，该说的话要直说，不该说的话要少说，尽量不说，这是智慧，这是恰如其分地表达自己、表达别人的智慧。

　　只有我们真切地熟悉自己的刚需，也了解别人的刚需的时候，我们说的话才是理智的。因为只有刚需才是有机会的，也是我们立足社会的价值所在。

第七辑

合作创造

修身、修心、修德: 成为一个合格的队员

经典回望

　　不离于宗，谓之天人；不离于精，谓之神人；不离于真，谓之至人；以天为宗，以德为本，以道为门，兆于变化，谓之圣人；以仁为恩，以义为理，以礼为行，以乐为和，熏然慈仁，谓之君子。——庄子

　　修己以敬，修己以安人，修己以安百姓。——孔子

　　是故内圣外王之道，暗而不明，郁而不发，天下之人，各为其所欲焉，以自为方。——庄子

　　现在的社会，无论在何种体制里面工作，团队建设都是一个很重要的问题。何谓团队？如何团队建设？我们该成为什么样的队员？我们该成为什么样的领队？这些问题都是我们需要认真思考和选择的。如何成为一个合格的队员，是一个人步步上升的基础。

　　《最后一课》的故事能给我一些启发和借鉴。

　　一位哲学家带着他的弟子漫游世界，十年后回来，个个满腹经纶。

　　在进城之前，哲学家在郊外一片长满杂草的地上坐了下来，

对他的学生说:"学业就要结束了,现在我们上最后一课吧,我想知道的是,如何除掉这些杂草?"弟子们非常惊愕,他们都没有想到,一直在探讨人生奥秘的哲学家,最后一课问的竟然是这么简单的一个问题。

一个弟子说:"老师,只要有铲子就够了。"另一个弟子说:"用火烧也是一种很好的方法。"第三个弟子回答更干脆:"斩草除根,只要把根挖出来就行了。"

等弟子们都讲完了,哲学家站了起来,说:"课就上到这里了,你们回去后按照各自的办法去除一片杂草,一年后再来相聚。"

一年后,弟子们都来了,不过原来相聚的地方已不再是杂草丛生,它变成了一片长满谷子的庄稼地,弟子们席地而坐,等待哲学家的到来,可是哲学家始终没有来。

几十年后,哲学家去世了,在整理他的言论笔记时,在最后补了一章:要想除掉旷野里的杂草,最好的办法就是在上面种上庄稼,同样,要想让灵魂无纷扰,最好的办法就是用美德去占领它。

这则小故事给我们带来了这样的启示:一个人要想在一个团队立足下来,并成为团队有用和合格,并到达优秀的人,首先要使自己的德性修为到达一定的高度,只有这样才能在团队中做出成绩,到最后更会成为带领团队的队长。

成绩来自成己,成己方能成人,成人方能及人,最后做到达己达人,这样才能逐渐达到《礼记·大学》中所说的"修身、齐家、治国、平天下"的境界。

选人、用人、定位：成就一个团队的战斗力

经典回望

我劝天公重抖擞，不拘一格降人才。

——龚自珍《己亥杂诗》

致天下之治者在人才，成天下之才者在教化。——胡瑗

君子有三乐，而王天下不与存焉。父母俱存，兄弟无故，一乐也。仰不愧于天，俯不怍于人，二乐也。得天下英才而教育之，三乐也。君子有三乐，而王天下不与存焉。——孟子

何世无才，患主人不能识耳，苟能识之，何患无才。

——汉武帝

一个出色的团队有没有定位很重要，一个出色的队员有没有自己的定位也很重要。只有不断交流，不断学习，不断提升自己的专业能力，才会明白定位的重要性。

无论是对团队还是对队员，认知自己都是一个重要的过程。了解自己，定位自己才是成就自己的重要一环，重要的基础。我们很多人并不了解自己想要什么，自己能做什么，自己做得了什么，自己又能做好什么。

相信下面这个小故事会给你带来一些启发：

一个摔跤手从没有遇到过对手，后来，这个城市里来了一位远方客人，点名要和他较量。此人是另一个城市里的高手，有过十分辉煌的战绩。两个人摔了整整一天，结果还是没有分出胜负。

到了第二天，两人约定，半年之后再决一雌雄。摔跤手回去以后问自己的师父："我和他决斗时为什么总找不到对方的破绽？如果找不到他的破绽，是不是就证明我肯定要输掉以后的比赛？"

师父想了想，没有说话，用手在地上画了一道线，说："在不擦掉它的前提下，你如何让这条线变短？"

摔跤手寻思了半天，也没有想出答案。只见师父在这条线旁又画了一条更长的线，说："你看，刚才那条是不是变短了？"摔跤手愣愣地看着自己的师父。师父接着说："不要总是琢磨如何找别人的破绽，如果让自己变得足够强大，那么别人就无法击败你！"

摔跤手恍然大悟。半年以后的胜负对他来说已经不重要，重要的是，他明白了这样一个道理：看清走路的方向，你就找到了捷径。

这个小故事告诉了我们一个大道理：认识自己永远比琢磨别人重要。

另外，对一个团队来说，选人是做事情的重中之重。同样，遇到合适的团队也是成就自己的重要一环，很多才华出众的人由于选错团队，往往感到委屈，往往感到烦恼、内卷和无可奈何。对一个团队的领队、一个队员来说，靠谱就是团队的战斗力，持续靠谱就是生产力。没有这些，其他都免谈。

　　一个优秀的团队，我们常常提到的五颗心是很重要的：感恩心、敬畏心、专心、雄心、平常心。一个人没有感恩心，会自私自利，不利于团队，甚至有可能成为一个破坏者，因为成也此心，败也此心，唯有此心，是为安心。敬畏心是一个人的重要素养，有此心方能"从心所欲而不逾矩"。如果一个人不专心，沉不下心来，很难做出成绩，专心才能专职，专职才能专业。一个人的雄心就是有理想，有抱负，有目标，有使命感，能忍耐，就会出类拔萃。平常心就更重要了。俗话说得好，有本事的看态度，没本事的看情绪。一个人的情绪对一个团队来说很重要。小事能忘我，大事有静气，胆大心细，智谋深远，胜不骄，败不馁，能容人，能和人。

　　好心态是战斗力，也是生产力。

平常人、平常事、平常心：安于平凡不简单

经典回望

独坐幽篁里，弹琴复长啸。深林人不知，明月来相照。

——王维《竹里馆》

结庐在人境，而无车马喧。问君何能尔？心远地自偏。采菊东篱下，悠然见南山。山气日夕佳，飞鸟相与还。

——陶渊明《饮酒》

回首向来萧瑟处，归去，也无风雨也无晴。——苏东坡

这里有个平常人处理平常事的故事：

一个刚退休的老人在学校附近买了一间简陋的房子，住下后的前几个星期还很安静，不久便有三个年轻人开始在附近踢垃圾桶闹着玩。

老人受不了这种噪声，他对年轻人说："我喜欢你们这么玩，如果你们每天都来踢垃圾桶，我给你们每人一块钱。"

三个年轻人很高兴，于是踢得更欢。

过了三天，老人忧愁地说："通货膨胀减少了我的收入，从明天起，只能给你们每天五毛钱了。"

年轻人显得不大开心，但还是接受了老人的钱，并依然去踢，一个星期后，老人又对他们说："最近没有收到养老金支票，对不起，每天只能给你们两毛了。"

"两毛钱？"一个年轻人脸色发青，"我们才不会为了区区两毛钱浪费宝贵时间在这里撒野呢，不干了！"

从此以后，老人又过上了安静的日子。

这则小故事告诉我们，学会运用智慧解决问题，会更省力省时，这里面的老人用了经济学的智慧，"绕开问题解决问题"的智慧，在我们的工作中也是值得借鉴的。

中国传统文化是关乎生命与生活的学问。所谓生命的学问也就是探讨"秩序与不确定性"之间的学问，明白了这样的"有限与无限"，我们也就能认识自己，明白了自己的"可能与不可能"，也就知道了自己的平凡和不简单。在"己欲立而立人，己欲达而达人""己所不欲，勿施于人"的忠恕之道的背后，蕴含着中国智慧的终极关怀。人类有三种希望和追求：一是如何过一种与自然相适应的生活；二是如何过一种好的社会和群体生活；三是如何过一种自我身心和谐和平衡的生活。这里说的自然、社会和自我的关系背后都是指向生命所在。

中国文化的学问是为己之学，是成就自我、成就他者、成就万物的生命之学，核心是教导"人"如何过一种好的生活。所谓"好的生活"即心安理得、问心无愧的精神和伦理生活，并把这种个人生活扩展到他人和社会。

儒家文化的慈爱，佛家文化的慈悲，道家文化的慈柔，里面都追求一个"慈"，慈是基于自爱而产生的共情，推己及亲是孝敬父母，是爱父母；推己及人是爱人，是人类之爱；推己及物是爱物，是万物一体之爱。这就是中国智慧的"仁爱"的精义和伦理价值。

中国人当前面临的困境是意义、价值和信仰失落，我们应该从中国智慧中寻找共有的价值和信仰。"成己，仁也。成物，知也。性之德也，合外内之道也。故时措之宜也。"自我完善是仁，完善事物是智。仁和智是出于本性的德行，是融合外物与自身的准则，所以适时施行才是合宜的。

成己是认识自己的起点。成己做个好人，成人做个君子。很简单，很易行。做个平常人很简单，走平常路其实很不简单。

俗话说得好：平常人平常事平常心平常路，平常人平常心才能做好平常事，走好平常路；走好了平常路就走顺了平常人的人生路。我们要有这样的一个基本认知：你我他，99.99%都是平常人，生活的事，99.99%也只是平常事，脚下的路，99.99%也只是平常路，只有不平常人才有勇气和使命去走那不平常的路。

平常路，平路，常路；不平常路，不平路，无常路，这条道不容易走，平常人也走不通；不如走好平常路，做好平常事，做个平常人。认知到自己的常与无常是一道人生的大题。

平凡简单，安于平凡，其实不简单。

借力、善力、安人：一个团队的本质

以仁安人，以义正我，仁，人也，义，我也。仁之法在爱人，不在我爱；义之法在正我，不在正人。众人不察而反之，诡其处而逆其理，鲜不乱矣。——《春秋繁露》

安上在于悦下，为己存乎利人。——《晋书》

修己以敬，修己以安人，修己以安百姓，尧、舜其犹病诸？
——《论语》

吾尝终日而思矣，不如须臾之所学也；吾尝跂而望矣，不如登高之博见也。登高而招，臂非加长也，而见者远；顺风而呼，声非加疾也，而闻者彰。假舆马者，非利足也，而致千里；假舟楫者，非能水也，而绝江河。君子生非异也，善假于物也。
——《荀子》

利以安人，是一个团队建设的首要一环。合作共事的本质就是一起做事，一起分钱，做好事，分好钱，就能做好人，就有好团队。钱分到位了，队伍自然就有战斗力。在做团队建设时，学会用理性的激励原则，处理感性的人性问题还是很有用的。这里有一个《搬家》的小故事相信会对我们有所启发。

有一年，伦敦兴建了一座新的图书馆。新馆建成后，要把老馆的书搬到新馆去，按照预算需要350万英镑，然而图书馆根本没有这么多钱。眼看雨季就要到了，不马上搬家，这损失可就大了。

馆长整天愁眉苦脸。有个馆员问他苦恼什么，馆长就把眼前的困难倾诉了一遍，几天之后，这个馆员找到馆长，说他只需要150万英镑就能解决问题。馆长喜出望外，忙问："什么方案，你快说出来！"

这个馆员说："不过，你要答应我一个条件。"

"什么条件？"

"我需要150万英镑，但150万是上限。如果全部花光了，就权当我给图书馆做贡献了；如果有节余，那图书馆能不能把节余的钱给我？"

"没问题！150万以内剩下的钱给你，我可以做主！"馆长很爽快地说。

"那咱们签个合同！"

合同签订后，不久即实施了馆员的新搬家方案。值得庆幸的是，150万英镑连零头都没有用完，就把老馆的书给搬走了。

原来，图书馆在报纸上刊登了这么一条惊人的消息："即日起，大英图书馆免费、无限量向市民借阅图书，条件是从老馆借出，还到新馆去。"

有时看似一个小小的福利，就能获得很大的效果。我们在生活和工作中要善于学会借力，中国古代有句智慧："君子生非异也，善假于物也。"

才能、德行、胸怀：一个团队的用人标准

德比于上，欲比于下。德比于上故知耻，欲比于下故知足。

——荀悦《申鉴》

不患人之不己知，患不知人也。——孔子

不登高山，不知天之高也；不临深溪，不知地之厚也。

——《荀子》

博学之，审问之，慎思之，明辨之，笃行之。——《中庸》

我们刚刚踏入社会，一个基本的认知还是要有的，基层工作靠的是能力，基于利；中层工作靠的是德行，基于理；高层工作靠的是胸怀，基于礼。所以，很多单位把才能、德行、胸怀，作为检验基层、中层、高层的用人标准。掌握才能、德行、胸怀背后的"利、理、礼"的"合理、合情、合法"的应用，也就是说"利合理，理合情，礼合法"，做到了就会大不同。

这一点认知对我们来说非常重要。有个段子很有意思，说的就是这样一个道理。

你知道《西游记》里面师徒四人只有唐僧不会法术吗？因为员

工是靠能力吃饭，老板是靠员工吃饭，唐僧才是真正的老板。唐僧胯下有宝马，手捧紫金钵，前有打手孙悟空，后有苦力沙和尚，旁边还有马仔猪八戒；大唐皇帝是结拜大哥，干爹又是如来佛祖，出国镀金有美女惦记，出门还有菩萨照着。说是说唐僧千辛万苦，苦的都是那几个打工仔，他最后直接拿功劳立地成佛。这说的虽然是段子，却道出了社会生活的某些本质。

《中庸》开篇三句话说的就是关于"性"的问题："天命之谓性，率性之谓道，修道之谓教。"人性向善还是向恶，《中庸》还是倾向于人性"向恶"的，不然为什么要说"道"和"教"呢？所谓"道"就是"遵道"，所谓"教"就是"教化"。说明"人性"是有"向恶"倾向的。这是孔子在《大学》开篇"三纲领"中把"明明德"放在首位和起点的重要原因。

在中国文化的众多典籍中，充斥着大量关于人性善恶的论述，到底是性善性恶，一直争论不休。人性本恶，人性本善，所谓善恶皆是来自"人性本利"的底层之相。"天下熙熙，皆为利来；天下攘攘，皆为利往。"这是司马迁给出的人性本质，自古以来就没有发生过变化。

人类文明的核心，或者说人与人之间的关系，本质上就是一种利益的交换，价值的交换。这个世界有了利益的多与少才开始出现了善与恶。人性本身无所谓善恶，甚至这个世界也无所谓善恶，逐利才是人性的本质，由此则出现了趋利避害的价值观念，至今依然如故。

所谓的性善论，本质上是劝人向善，这种劝导如果教导勉励为主，告诉大家要学会成为好人，然而结果就是，人们都成为了表面上的好人。你只有敢于直面内心的阴暗，才能真正地"修身、齐家、治国、平天下"。这也是《大学》中"自天子以至于庶人，壹是皆以修身为本"重视"德性"养成的重要原因。

我们知道，才能和胸怀大家比较容易理解，那什么是德呢？德即品格；什么是行？行即性格。一流的人格，品格直方刚毅，做人如山，以不变应万变；良好的性格柔韧圆通，做事如水，以万变应不变。

讲文凭更讲水平，讲职称更讲称职，讲阅历更讲能力，讲资历更讲奉献，讲道德更讲风格。一般的企业在用人理念方面，讲的是文凭、职称、阅历、资历、道德，但企业用人方面，更多的是讲水平、称职、能力、奉献、风格。

我们常说：六分人才，八分使用，十分待遇。这个理念既是价值观又是方法论，工作中很有实效。

成长、成熟、成功：你的人生不同寻常

经典回望

吾十有五而志于学，三十而立，四十而不惑，五十而知天命，六十而耳顺，七十而从心所欲，不逾矩。——《论语》

莫等闲，白了少年头，空悲切。——岳飞《满江红》

盛年不重来，一日难再晨；及时宜自勉，岁月不待人。
——陶渊明

知之为知之，不知为不知，是知也。——《论语》

玉不琢，不成器；人不学，不成行。——韩婴《韩诗外传》

任何一个人、一个组织都有一个成长、成熟，直至成功的过程。我们的人生就是做人、做事和悟道的过程。做人做事说的就是我们的人生，悟道说的就是我们的生命。事，不可独做；人，难以完人；悟道，难上加难。还是老子说得好：道可道，非常道。

活下来，才能成长，人和企业都是一样的道理。研究问题要多从现实问题出发，少从杂志文献出发。企业成长的现实视角、历史视角、未来视角对我们个人也有很大借鉴；企业的世界观、价值观、人生观对我们的人生也有很大借鉴。

无论是打工还是自己创业，在成长的过程中尽量少有偶像包袱，这样就会无法突破自己的心理关，这样几种情况要时常自查：不敢突破自己，担忧自己太差，担心对手太强，担心条件不足，总是畅谈理想，还没走出第一步，就开始畅谈 IPO，还没拿得起，就开始畅谈放得下……这些都是年轻时候容易犯的"心理疾病"，得治！

一个企业有天命，一个人也有天命。天命，天为时间，运为空间，即是人生的阶段，天命观就是时空观。一个企业有天职、天缘、天意，一个人也有天职、天缘、天意；一个企业有宿命、寿命、使命，一个人当然也有宿命、寿命、使命。成长的路上有招数、有办法、有思想、有故事、有幸福的种子，我们都要积极地管理自己的生命时光。

一个人的成长多数不是顶层设计，而是摸着石头过河；不是画出一条路，而是走成了一条路。当今社会不能把"失败乃成功之母"一概而论，这是不理性的，也是不负责任的。为了成长，我们既讲失败乃成功之母；为了成熟，我们又讲成功乃失败之母；为了成功，我们还讲优劣鲜明乃母中之母。

在我们的生命过程中要学会敢于否定，养成批判性精神，勇于创新，善于善败，乐于取舍，成于归零。中国传统文化中，师傅带徒弟的成长模式是一个重要的教育模式，这样一条经验不仅是过去、是现在也是未来的重要传承方式。

如果你想做一个老板，首先选择做一个好教练才是做老板的一个重要阶段。所以要在成长的过程中不断去激发潜力，才能提出好问题，帮助解决好问题，努力结出好结果。

如果你想做一个老板，你要学会鼓励团队去自己解决问题，学会自己去发现问题，学会去复盘已解决的问题。

如果你想做一名教练，那你需要不断持续学习，只有不断持续学习、终身学习才是做好教练的重要工作，定期不定期检查才是一个有效的管理手段。

如果你是一个领队，你要学会发现榜样，帮助榜样，并不断成就榜样；更要学会鼓励团队、帮助团队，要明白帮助团队就是帮助自己。

有时无论打工还是创业带队伍，你不仅能要用利来安抚大家，还要懂得为众人画大饼，这才是可行之道。只有这样，你才能吸引比自己能力强的人。只要把"大饼"变成现实，让众人吃到嘴里去，别人就会说你志存高远，有远见，不会说你光会忽悠。

古人有训：成王败寇。一切要学会用结果说话，这就是世界的简单和可爱之处。一开始别人不信不要紧，关键是自己要坚信不疑，等你说多了，身边的人就都跟着信了。这个世界有太多没有人生方向的人，只要你激发出人们对大海的渴望，那用来航行的大船很快就会建成。作为老板永远不要跟下属比能力，如果他们能力不比你强，那证明你找错了人，要比就比眼光、胸怀和格局。

组织领导者要感召人才中的精英加入队伍，一起奋斗，光靠利益分享是不够的，精神才是根本。无论一个领队、一个教练还是一个老板，要知道：坤者乾道、乾者坤道、谦谦君子的为人之道，学会做人，学会做事，你将有一个非同寻常的人生。

用人疑、理性疑、公开疑：企业的用人之道

疑则勿用，用则勿疏，然后能欣合其心，驯致其道。

——【唐】白居易

用人无疑，唯才所宜。——《资治通鉴·汉纪》

事到手，且莫急，便要缓缓想；想到时，切莫缓，便要急急行。——《格言联璧》

是谓不争之德，是谓用人之力，是谓配天古之极。——老子

我们常说：用人不疑，疑人不用。这个原则往往适合于短缺经济年代，在过剩经济的今天有时是行不通的。企业的用人方法有一点是需要记取的：凡是一个人才，只要是个人物，都是有争议的，都是有个性的。如今的时代做企业，"用人不疑"是对企业的不负责任，"疑人不用"可能是对企业更大的不负责任。用人不疑，疑人不用，是无奈；用人要疑，疑人要用，是境界。

企业家常说的一句话还是有些道理的："用人疑，疑人用；理性疑，感性用；公开疑，透明用。"这应该是现代企业管理的人才之道。

发现一个人才难，呵护一个人才也不易。只有勇于包容他们的个性，最后大胆给予他们一定范围、一定力度的权力，倡导有权有利有责，让他们拥有自己的舞台。

华为创始人任正非的用人理念值得我们思考：让一个人在最佳角色、最佳贡献、最佳贡献时间段，得到他最合理的报酬，不要等到七八十岁时再给。最佳时间段过去了再给也没有太大用处；讲奉献也要讲激励，讲助人也要讲本职，讲雷锋也要讲雷锋能力，这就是实事求是。不迁就有功人员，每隔三五年，就要引进一批胸无大志，身无分文的人。这样的人才不仅要留住，而且也能留住，更能把企业当家，把事情当事业做，这样的人才到最后，就能说主人话、办主人事、尽主人职。

如何做到理性疑、感性用呢？要知道赏识使人成长，谴责使人成熟。一流的企业就是一流的商学院。不断的赏识、表扬，让员工的脚步跟上心灵。而当到了需要员工成熟的阶段，就要用"刀子嘴、豆腐心"的态度去谴责他们，让他们的心灵等一等脚步。怎样才算成熟呢？"稻子熟了，就该低头了。"多赏识，少谴责；用其长，容其短；刀子嘴，豆腐心。

如何做到公开疑、透明用呢？善于发现，倾情呵护，从容包容，慷慨使用。对基层，待遇留人；对中层，情感留人；对高层，事业留人。这样就需要理顺为三个层面：对基层的人员，方式是用待遇留人，因为基层人心地纯朴且待遇少，他们需要钱，能多厚待他们就尽量厚待他们。让基层的人过更好的生活，使得基层人更努力地工作，这不是双赢吗？这不就是我们社会倡导的共同富裕吗？

对中层的人员，方式是用情感留人。单纯的物质文明已经满足不了他们的需要。只有用真感情去交往，把这些人当成家人对待，可以严厉，也可以宽容，可以赏识，也可以谴责。做到真正以员工为家人，这样，这个层面的员工才会以公司为家，会为了这个自己的家而投入更多的忠诚和心血。

对高层员工，常用方式是事业留人。因为这个层面的人往往都能独当一面，也想有所作为，寻找一片属于自己的天空。他们需要的是一份尊严，一个施展才华的空间。

古话说得好：齐之以利，齐之以理，齐之以礼，成之以德，成之不已。

兴趣、人气、价值：做好社群不容易

君子遵道而行，半途而废，吾弗难已矣。——《中庸》

李杜诗篇万口传，至今已觉不新鲜；江山代有才人出，各领风骚数百年。——赵翼《论诗》

慎终如始，则无败事。——《道德经》

为政者不难于始，而难于克终也。初焉则锐，中焉则缓，末焉则废者，人之情也。慎终如始，故君子称焉。

——张养浩《牧民忠告》

如今的时代是一个社群大放异彩的时代。兴趣爱好相同或者相似，大家聚集在一起的群体，即是社群。随着互联网文明的升级迭代，"各领风骚三五天"的今天，一个社群的生命周期越来越短，这样一来维护和拉长社群的生命周期，就成了一个社群的重要思考。

一个社群通过载体聚集了人气之后，能否通过产品或者个性服务满足群体的需求进而形成小的商业形态，这是做社群的底层考量。社群的经营不能局限于微信和互联网平台，线下的实体平台和社区也都可以为做好社群营销提供很多帮助。一个社群对群主是一个很大的考验，一来由于群主的目的未能达成而缺少用心维护，甚至不再维护；二来社群里的群员的个性需求没有得到满足而不再参与，导致社群走向沉寂。所以说，社群除了因兴趣聚集人气外，价值传播和传递就成了社群生命周期的一个策略。

社群何为？有一个意见领袖是做社群营销最需要的，这样比较容易树立信任感和传递价值，"小而美"的社群往往效果比较好。站在用户的角度考虑，一个社群既解决了自身的需求，又接受了好的产品，或者知识的分享。人类向来有小圈子文化的情结，小团体、小部落这也是一种原始情结，微信朋友圈的流行也说明了这点。

五百人的微信群随着陌生人的增多，随着信息社会的生存焦虑越来越加大，一个很明显的现象就是整个微信群活跃度越来越低。恰恰三十人左右的小的微信社群，活跃度明显高于大的微信社群。粉丝经济并不是真理，有实效才是真理。

人人皆媒体的时代，将社群营销做成社群媒体也是一个大势所趋。所以说，选择什么内容做社群才是最为关键的。社群的娱乐属性是首选，这一点要有一个基本认知，因为覆盖更多的人群恰恰需要娱乐话题，这是人群的普遍共性。

社群运营的目的是形成一种良好的秩序，如果没有这种良好的秩序，大家只是闲聊，甚至攻击、谩骂，这样的社群是没有价值的。在这个基础上，再来谈品牌传播、产品推广和商业变现，才是有价值的。

互联网发展使得我们逐步进入了信息社会，从线下走向线上，从互联网走向移动互联网，又从移动互联网走向信息大数据，伴随着时代的不断迭代，一个新的时代悄然来临。尴尬与悲剧的是，我们在没有准备好的时候又盲目走进了新的互联网世界，这值得我们静静思考未来将去向何方。

当下的网红、直播做的无非是自己垂直细分下的圈子，最终将会走向互联网文明的社群模式。为用户解决需求的同时，也满足自身的认同感与商业价值，才是未来的方向。

社群是一种互联网文明的新商业方式，可以汇聚力量。力量在哪里，价值就在哪里，商业就在哪里。正如钱在哪里，心就在哪里一样。这是一个现实世界的底层逻辑。你可以信，你也可以不信，你的心，他的心会告诉你最想要的答案。

花钱和挣钱的心态是不一样的，因为背后的心不一样。钱是显性的，心是隐性的。虽然有钱不是万能的，但是没有钱，钱太少也是万万不能的。现实世界中这样的观点不能轻视：一个人的内心强大往往来自三个东西：第一是真有钱；第二是真有权；第三是真有文化。你可以不信，但是你信了，如果你再能拥有其中一个，那效果也是不可低估的。如果不信你想内心强大，那也只是想想而已的事情。

我们做社群，花了钱客户就会不一样，不收钱你就不一样；收了钱你也不一样，不花钱客户也会不一样。

物有物性，人有人性；物以类聚，人以群分。社群也是一样，交流需要选择，用户需要筛选，选择和筛选可不是一个小事情。

意愿来自选择，意愿不强的不选；口碑来自选择，不能带来潜在口碑的不选；阻力来自选择，沟通交流起来阻力不能太大，耗时耗力耗生命的可以不选。

生命需要增值，社群需要高效。社群高效，重要的事说三遍：筛选，筛选，筛选。高效社群的管理秘诀：第一，钱上动脑，收费第一策略；第二，用户能量高，内容价值高；第三，线下分享，线上互动。做社群要学会在幕后生活，保持清醒的认知，长远考虑，持续提升，吸引别人，成就别人，成长团队。做社群培养运营团队很重要，中国不缺人才，独缺运营人才，独缺经营人才。没有经营人才，没有运营人才，就不要做社群，至少不要急着做社群。这也是商业运营的终与始。

社群的销售工作做好是不容易的，做好销售无外乎两个方面，第一是价格；第二是服务。做社群销售首先让自己成为问题专家，因为人们相信专家，不相信销售员；提升你的业务以外的东西，除了对方获得专业的服务，还能有不少意外收获。如果你是一个老板，针对销售给足待遇，给足成就感，他就会牢记使命。

做好销售服务需要做好调研工作，这一点很值得，也很重要。用户调研、产品调研、市场调研，开好头，收好尾，很重要。古语有云："慎终善始，无咎也。"

他山之石，可以攻玉。第一，多看广告，找出最吸引的点和你最讨厌的点；第二，多去体验做销售的感觉，找出舒服的和不舒服的，及时总结；第三，多买东西找感觉，看看自己是如何被下单的？自己的需求是什么？宣传的痛点又在哪里？

顾客就是顾客，顾客不是上帝，顾客是平常人，对待平常人该怎么办？平常人之间最需要的是以诚相待。只有以诚相待才能长久，才不会产生不平等感，才会让顾客不断满足预期，这就是最简单的销售。重视少数人的感受，恰恰这个少数人是最有影响力的人。

做销售如果你想平等对待每个人，结果也不是你希望看到的事半功倍，而是有可能出现的事倍功半。销售管理是一个企业的重要工作，说话诚实可靠，不要随便承诺。

记住一句我们常常忽视的话：产品要好，人更要真诚。

第八辑

文化的力量

生产力、竞争力、影响力：来自文化的力量

经典回望

宝剑锋从磨砺出，梅花香自苦寒来。——《警世贤文》

不登高山，不知天之高也；不临深溪，不知地之厚也。
——《荀子》）

不飞则已，一飞冲天；不鸣则已，一鸣惊人。——司马迁

博观而约取，厚积而薄发。——苏轼

　　一个企业的品牌就是我们常说的口碑，有了好的口碑，企业的产品才会具有竞争力。这个竞争力就是来自品牌。因此，品牌就是生产力。所以我们常说，产品有榜样，品牌是力量。

　　品牌的背后是人，品牌的背后是文化，品牌的背后是信仰，更是忠诚。做企业做产品与其第一不如最好，与其最好不如不同。不同即是我们说的创优或者创新。如今的时代是一个大同小异的时代，最重要的是小异，产品之间的小异就是企业的竞争力

　　一个企业的品牌需要经常晒一晒，通过各类专业渠道多宣传，这里宣传的是产品背后人的精神追求，也是产品背后操作人的艺术品位和制作能力。如今的时代，大的创新已不可能，小的创新

也越来越难，选择的不同就是创新。

企业的品牌顾问的作用是很重要的，很多国外企业对品牌顾问很重视，品牌顾问的作用对于提升企业形象是不可忽视的。这一点在国内还没有引起足够的重视。企业品牌需要的是选择，选择品牌的小异就是选择品牌背后的人的个性；人对了，品牌也就对了，生产力也就出来了。

服务品牌也是一样，就是服务企业背后的人，人才的服务应该是常新的，正如《大学》三纲领所说的，"大学之道，在明明德，在亲民，在止于至善"，"苟日新，日日新，又日新"。人要新，产品要新，这样企业才越来越新，企业越来越新，产品就会越来越贵。所以说，企业中你的"苟日新、日日新、又日新"，才是解决一切问题的关键。

无论个人品牌还是公司品牌，商标意识是一个很重要的事情，该花的钱不能省，花了钱将来的麻烦就少了。这方面的案例很多。国外的企业比我们重视这个方面，其实这就是品牌的起点。近年来，在这方面有所改善，但是还不够，企业从创始之日起，就应该引起足够的重视。

一个企业品牌光知道关注还不够，要信任、依赖产品才是最重要的。一个产品要让特别有分量的人说你的产品好，才是重要的。一个产品出来之后，视觉、听觉、感觉都是需要营造，熟悉的歌，熟悉的场景，留痕的记忆，记得你的感觉，这些都是品牌创造过程中需要特别引起注意的。

古今中外，世界上的榜样是不缺的，我们只需要聚焦自己，聚焦榜样，你就能成为别人的榜样。

激情、动力、服务：对财富要有的认知

君子藏器于身，待时而动，何不利之有？

——《周易·系辞》

路漫漫其修远兮，吾将上下而求索。——屈原

天不得时，日月无光；地不得时，草木不生；水不得时，风浪不平；人不得时，利运不通。——吕蒙正

我们判断一个人的成功，往往从财富和幸福两个方面去衡量。当我们年轻的时候，我们最渴望的就是财富了。三十而立，三十岁拼命打闯，多少人都渴望能在年轻时代过上财富自由的日子。我们要常常问自己：你见过多少富人？你身边有多少富人？你想成为什么样的富人？

当我们渴望财富的时候，应该积极恰当地接触富人，学习、观察富人身边正面的东西，千万不要放大学习富人身上负面的东西。我们往往会太在意富人身上不符合伦理的东西，错过很多自己成为富人的机会。其实富人是有钱人，不一定有文化、有修养，我们不能也没有必要用圣贤的标准来对照他，不然我们的认知一

定会出现偏差。和富人在一起，我们主要是学习他们身上的强大内心来自哪里？他们什么样的表现对你有所启发、有所帮助？

我们通过和富人在一起的时光，要看到他们身上那种对财富的激情，那种挣钱的动力，学会他们为金钱服务的智慧，学会用金钱为人服务的人情世故。只有这样我们才能了解什么钱能赚，什么钱好赚，什么钱不能赚，什么钱不好赚？

记得小时候父母常教育我们，出门在外，一定要坐有坐相，站有站相。这就是告诉我们，大学毕业进入职场的时候，要学会有点"相"，学会懂点"相"，正如日常生活中常说的：小伙子，挺像样的嘛！

进入社会，平时记得多读一些富人的成长传记，这样我们就可以通过他们的成长，了解富人的思考方式、心态和思维方式，在工作和生活中点点滴滴地成就自己。

穷酸气，富人气，人活一生其实也就三个字：时、位、气。何谓时？时就是天时，就是时机，就是天命；何谓位？位就是地利，就是地位，就是边界；何谓气？气就是观念，就是理念，就是信念。一个人身上的气很重要，显得自己有贵气、有福气、有雅气，这一点需要慢慢修和时时习。正如古人说的那样：腹有诗书气自华，腰缠万贯气自扬。

资源、配置、投资：你的财富都在这里

势不可使尽，话不可说尽，福不可享尽，规矩不可行尽。

——《警世通言》

是以泰山不让土壤，故能成其大；河海不择细流，故能就其深；王者不却众庶，故能明其德。——李斯《谏逐客书》

《跨界战争》中有这样的观点，如果从经济层面来讲，今后社会上也只有三类人：资源者、配置者和投资者。所谓资源者就是社会资源的最直接拥有者，依靠出卖自己的资源而生存。我们常常在社会上看到的，譬如农民靠耕地而生存，工人靠体力而生存，医生靠技能而生存，作家靠写作而生存，老师靠传授知识而生存，律师靠为人辩护而生存等，不一而足。

所谓的配置者，指的是有资源配置权的人，资源是谁的不重要，关键的是其配置权最重要。就如是谁开发的软件不重要，软件的管理权才重要。社会上这类人依靠配置资源赚取财富，这类以企业家为主，他们通过企业的经营管理来从事资源的投入、整合、运营和产出，通过产出比来赚取财富，创业者也属于此类。

所谓的投资者，我们可以称之为资本家。这类人虽然离资源比较远，但是他们恰恰是所有资源的掌控者，因为他们在通过资本这双看不见的手，躲在幕后进行操作。二十年来的互联网经济我们可以看到，二十多年前十大互联网公司包括阿里巴巴、腾讯、搜狐、新浪、京东等加在一起的销售收入也不过 800 亿，如今再看他们，一小时的销售收入就不止 800 亿。这样的发展速度正是资本的功劳。资本家无国界，资本可以控制全球资源的流向，可以通过金融体系支配大量别人的资源和资产。

我们每个人都生存在这样的三种角色所扮演的"戏剧场"之中，我们对这样的"戏剧场"的认知，就能看出你的财富来自哪里；因为你的财富无非来自这三个渠道：出售资源、配置资源、掌握资本。

"资源者"是通过出售资源在社会上生存，作为资源者的时间、体力和技能，正是这类人得以生存的重要资源，这是社会上分布最多的人群。如果你是一个普通人，要么通过读书获得更高、更稀有的技能价值，要么通过爱思考、会做人、大量实践，提高自己实践能力。

"配置者"虽然不是资源的直接拥有者，但他们往往能通过自己的脑力，可以去设计资源的配置，通过优化资源去赚钱。我们身边的企业家，特别成功的企业家都属于这一类人。奴隶社会最重要的生产力要素是奴隶；封建时代最重要的生产力要素是土地，资本时代最重要的生产力要素是资本，资本的本质就是资源配置。配置者的水平从一定程度上来说，也代表了一个社会生产力的水平。

"投资者"是如今资本时代的幕后掌握者，一个社会的财富看似是分散的，实质上是非常集中的，往往都是集中在资本的掌控者手里。资本家虽然不直接参与企业的经营和管理，却在幕后操纵企业的宏观发展思路。我们如果想从第一种人进化到第三种人，对资本积累、善用资本、资本赚钱这三个环节的逻辑一定要很清晰。

好感、互惠、认同：影响力提升的起点

经典回望

大学之道，在明明德，在亲民，在止于至善。——《大学》

苟日新，日日新，又日新。——《大学》

影响力教父、社会心理学家罗伯特·西奥迪尼在《影响力》中，提出了影响力提升的六大原则：好感、互惠、认同、承诺一致、权威、稀缺。我们常说的影响力，就是用一种别人所乐于接受的方式，改变他人的思想和行动的能力。如果我们从六个原则来看，好感、互惠和认同又是影响力提升的起点。

我们每个人从学校走向社会，首先面临的就是人与人之间的关系，相互好感就是走向进一步合作的起点。有了好感，互惠也是难免的；有了互惠，相互认同就建立了基础；有了人与人之间的认同，随着事业的展开，社会认同也就会水到渠成了。

美国管理大师戴尔·卡耐基也曾提出过提升影响力的三个原则：承认对方的立场，无论何种情况，先承认对方的立场，也就是肯定对方的辩解有充分的理由，然后再掌握机会陈述你个人的意见；让对方有充分的重要感，我们应该设法满足别人的这些企盼，让对方有重要感，然后才能更好地影响他；充分考虑对方的立场，你想要影响别人、让别人按照你的意思采取行动之前，你应该先反问自己：要如何做，才能引起对方按照你的意思去做的动机？所以说，影响力其实就是人生功利阶段的重要标签。

当我们走向社会的时候，与人交谈时掌握对方的思考方向是解决问题重要因素。记得有这样的一个故事说的就是这样的道理，对我们会有很多启发。

从前，有兄弟两人潜心向佛，一起上山修行七日，可是到了第二天，两人的烟瘾同时犯了。想要抽烟，却又担心犯规，于是哥哥就去请教师父。

他问师父："请问师父，人们修行的时候可不可以同时抽烟？"师父马上斥责他的荒唐想法。他只好悻悻而回告诉弟弟说，师父说不可以。但是弟弟不死心，于是起身再去请示师父，不多久他就大摇大摆地抽着烟走了回来，哥哥大为吃惊。弟弟说："我是这样问师父的，'当我们在抽烟的时候，可不可以同时修行？'师父回答，'当然可以。'"

还有一个故事。两家卖粥的小店，品种、装修、服务没什么两样，但 A 店总是比 B 店多卖一倍的鸡蛋，原因在哪儿呢？B 店有客人进门时，服务员会问："要不要鸡蛋？"一半说要，一半说不要。而 A 店有客人进门时，听到的是：要一个鸡蛋还是两个？客人有的要一个，有的要两个，不要的很少。这样，A 店的鸡蛋就总是比 B 店卖得多一点。

同样一句话，前后一对调或者做点不起眼的变化，就会出现不同的结果，其实质在于，说话人要掌握对方思考的方向。

人生就是一个和功利不断纠缠的时间场，所谓功利无外乎名与利。古人对名利的认知是三立，也称为人生三不朽：立德、立功、立言，其实当代人也是绕不开的。立德讲的是做人，立功讲的是做事，立言讲的是悟道。

读书教你做人，写书教你做事；读书积累认知，写书梳理深化认知。我们常说文章是改出来的，其实书也是不断改出来的。写出初稿是成功的第一步，很多大学者都是从这一步慢慢地走出来的。通过读书、写书你才会知道自己的长处和短板，这样你才会更清楚这样一个道理：专业的事情请专业的人做，只做自己擅长的事才是王道。

永葆激情，永葆信心，是影响力提升的重要法门。激情里面有希望，信心里面有精神，人生只有充满希望，生命才有精气神。

影响力是一种投资，学会投资自己，是提升你的影响力的第一步。《大学》三纲领说："大学之道，在明明德，在亲民，在止于至善"，其中的"亲民"就是我们今天所说的"敢于担当"的能力，这种能力就是我们今天说的影响力。有了责任，敢于承担责任，积极承担责任，做到"止于至善"，就是你有影响力的开始。

改变自己从愿意承担责任开始，有了责任你的自控力一定会逐步得到提高。还记得希腊三贤的终极追问吗？我是谁？我从哪里来？我到哪里去？常问我是谁？我是父亲，我是儿子，我是丈夫，我是妻子，我是创业者，我是团队负责人，我是房东，我是顾问，你问出的角色就是赋予你的责任，就是赋予你的使命和担当。

常问我从哪里来？我为什么要来？我来做什么？这些都是人生的意义，生命的价值，人类的终极关怀。我们的生命、我们的人生本身是没有意义的，只是我们的言行赋予了它意义。

孔子说："克己复礼，为仁。"夫子告诉我们的成人先成己，达人先达己的道理是我们需要谨记的。"学而时习之"，读书快乐做人；"朋友自远方来"，为人服务做事，成就自己，利益他人。这便是孔夫子给我们的人生做的指引。

正确的事情坚持一直做，你的财富自然来，你的影响力自然慢慢有。"苟日新，日日新，又日新"，财富在等着你，影响力在召唤你，天命在召唤你。

精神平等、人格平等、知行合一：
原始儒家的心思

经典回望

天何言哉？四时行焉，百物生焉，天何言哉？——《论语》

学而时习之，不亦说乎？有朋自远方来，不亦乐乎？人不知而不愠，不亦君子乎？——《论语》

饭疏食饮水，曲肱而枕之，乐亦在其中矣。不义而富且贵，于我如浮云。——《论语》

儒家思想，是中华文化的主源正脉。中国近现代化的过程，实质上是反传统的过程。儒家赖以生存的支撑平台，皇权专制的制度根基，乡村自治的宗法根基，儒家经典的学统根基，一个个地接着坍塌。儒家文化零星地残存于我们的日常家庭伦理之中。随着社会的发展，家庭亲情也被渐渐解构，孝道、仁爱仅存的温存也在渐渐失去。儒家思想还在有限地规范着这个社会的道德秩序。难道还要放弃道德教化吗？知天命，知敬畏，如此下去，这个已够冰冷的世界里，我们该何处安身？该何处安心？

儒家历经千年的流变，逐渐分化为原始儒家与官方儒家。先秦的原始儒家，是由至圣先师孔子所创立，经过亚圣孟子的理论深化，经过后圣荀子的可操作化，儒门三圣共同打造，形成了一套完备的人学体系。原始儒家认为，人类的终极真理是天道。儒家圣人是天道的代言人，并未企图垄断过话语权，从未想让人顶礼膜拜，有着亚里士多德的情怀，"吾爱吾师，吾更爱真理"，他们鼓励争鸣，也宽容异见。

原始儒家讲平等，讲的是精神平等，讲的是人格平等；原始儒家讲知行合一，理论如此，实践也是如此；原始儒家培育的是道德君子。

多少年来，是我们误解和曲解了孔子。孔子讲道理，从来不故弄玄虚，刻意装出高深的样子。《论语》中说的话，朴素、平实、丰富而具体，孔子的话至今都没有超出日常生活的范围，又是自有人伦日用而不能穷尽的心思。孔子的儒家思想不是我们认为的哲学体系，他的世界观、人生观很具体，很深刻。孔子面对复杂的生活世界时的那份从容，那份平正和确信的目光，不正是我们的精神引领和智慧航标吗？有时候，高深的道理对于普通人来说是抽象的，不仅不能给人们具体的指引，而且还容易破坏人们赖以判断和选择的常识。因此，孔子很少说那些看似高深的道理。

《论语》中所谈到的道理，其实都是伦理，多是日常生活的人之为人的"应该"。这些"应该"看似平常其实都有价值根源的，是可以作为我们生活道路指引的，因为它告诉了我们作为一个人应该追求什么样的生活。否则，我们很多时候是有很大盲目性的，有些是出于习惯，有些真是因为无知。虽然每个时代有对价值重估的需要，但是有些根源性的价值是不变的，也是具有恒常特性的。这些恒常性的价值都是符合天道和人道的。

　　从生命的意义来说，正确和正常的生活道路是既符合天道也符合人道的。孔子的思考既是形而上的世界观和人生观的思考，也是形而下的方法论的思考，都是值得我们仔细考量的。

克己、复礼、为仁：中国人的贵族精神

经典回望

不患人之不己知，患不知人也。——孔子

曾子曰："士不可以不弘毅，任重而道远。仁以为己任，不亦重乎？死而后已，不亦远乎？"——《论语》

故君子耻不修，不耻见污；耻不信，不耻不见信；耻不能，不耻不见用。是以不诱于誉，不恐于诽，率道而行，端然正己，不为物倾侧，夫是之谓诚君子。——荀子

我们很多人都看过《唐顿庄园》这部特别精致的英国电视剧。《唐顿庄园》展现的是英国贵族在20世纪前后的生活。剧中处处显示着英国的贵族文化和礼仪，称得上是优雅、高贵，让人忍不住心生向往。引得很多人经常会发出这样的感叹：为什么中国人培养不出贵族来呢？

这句感叹引出很多话题：中国人真的培养不出贵族吗？到底什么是中国人眼中的贵族？关于贵族和贵族精神中国人是怎么阐述的？到底什么是中华传统文化中的贵族和贵族精神？

中国古代是有贵族的，并且是一脉相承的。贵族的对立面是平民，贵族也离不开上层阶级。中国最早的统治阶级可以从商周

谈起，后来周文王推翻了殷商政权，建立了周制政权。周代的体制是分封制，从天子到诸侯到卿大夫再到士阶层，逐层分封，以此类推。在这套体制下，周代的政权核心就是姬姓、姜姓少数几个为周朝立下汗马功劳的大宗族掌控。这时候他们思考的问题是：自己的子弟将来如何顺利接班，如何能够有效管理自己的封地？

基于此，一种以大宗族为核心的统治阶级教育模式应运而生。他们教导所有的宗族子弟要了解民情风俗，学习历史知识，熟悉自然哲学，掌握社交礼仪，不断积累统治经验。这样的一种教育就是后来孔子倡导的礼乐教育。

周代开始的礼乐教育有小学、大学之分。大学以诗书礼乐为学习内容，而小学则以文字训诂为教授内容，故小学成为文字学的别称。《汉书·艺文志》说："古者八岁入小学，故《周官》保氏掌养国子，教之六书，谓象形、象事、象意、象声、转注、假借，造字之本也。"

现代人先读小学，而后是中学，然后是大学。古代人先读小学，后进入大（太）学。有文献记载，我国在夏代已经出现了正式的学校。《孟子·滕文公》："设为庠、序、学、校以教之。庠者，养也；校者，教也；序者，射也。夏曰校，殷曰序，周曰庠，学则三代共之，皆所以明人伦也。人伦明于上，小民亲于下。有王者起，必来取法，是为王者师也。"

这短短六十七个字，内容很丰富。既有学校的历史起源与沿革又有学校的名称与含义；既有学校的级别又有学校的性质与任务。三代是一以贯之的，就是通过学习教养来"明人伦"，使人伦得以彰显。古人以为父子、君臣、夫妇、长幼、朋友五种关系是社会中最重要的，这也正是古代的核心思想。处理这五种关系必须遵循一定的准则，所以称之为"人伦""伦常"——"父子有亲，君臣有义，夫妇有别，长幼有叙，朋友有信"。

从中可以看出，古代小学的学习内容，如朱熹《大学章句序》说："人生八岁，则自王公以下，至于庶人之子弟，皆入小学，而教之以洒扫、应对、进退之节，礼乐、射御、书数之文。"大学的学习内容就是从学"见小节而履小义"至于"见大节而践大义"了。正如朱熹所说："及其十有五年，则自天子之元子、众子，以至公、卿、大夫、元士之适子，与凡民之俊秀，皆入大学，而教之以穷理、正心、修己、治人之道。此又学校之教、大小之节所以分也。"

中国传统文化里的《五经》，也称为《五书》，起初就是周朝的正式贵族教科书。《诗经》用来讲述每个封地不同的民情风俗和生活面貌；《尚书》记载了当时官府处理国家大事的公务文书，用来为后代统治者提供宝贵经验；《礼记》用来记录冠、婚、丧、祭方面的重要典礼礼仪规范，反映贵族的生活方式；《周易》用来对自然现象、社会现象的解释，相当于当时的自然科学。

春秋时期之前，这些文化知识都是属于贵族阶级的。前代的贵族把自己所接受的诗、书、礼、乐、易、春秋教育，传给同属贵族身份的下一代，这就是整个封建教育体制中的重要一环；这样的贵族教育不仅是封闭的，而且也是垄断的，当时只有贵族血统才有资格学习。在孔子之前，有教育但没有老师。我们之所以称孔子为至圣先师，那是因为孔子是中国教育中的第一位老师。孔子创办私学，广招弟子，打破了贵族对学校教育的垄断，把受教育的范围扩大到平民。从这一点来说，孔子就是中国教育的至圣先师。

在孔子看来，每个人生下来是没有太多差别的，天赋素质相近，不同的人个性差异主要是后天所养成的习惯不同而已。所以孔子有句朴素的至理名言："性相近也，习相远也。"因此孔子才有了"有教无类"这样伟大的教育理念。在他看来，每个人都应该接受教育，都应该通过后天的学习让自己成为一个仁德之人。

中国古代的贵族教育就是君子教育。讲贵族是一种阶级视角，天然具有对立面平民视角，阶级鸿沟似乎不可逾越，因为决定其背后的是家族血脉；谈君子则是一种视角，对立面则是小人，君子只需自省修身明明德，每个人都可以成为"君子"。

孔子心中的"君子之道"到底是什么呢？《论语》中提到的"君子"一开始和"贵族"一样，代表的是身份，是阶级。春秋之前，君子都是有位者，即贵族统治者们，有位者是需要有匹配的德行，所谓德以配位，指的就是君子。自从礼乐崩坏以来，有位者不一定有德，春秋时期更是战乱不止。孔子把周代贵族的教育内容整理后传授弟子，在孔子看来，君子更多的是有德之人。从孔子开始，中国的君子不再是那些靠血脉传承的封建贵族阶级了，从一个代表贵族的阶层身份，转变成了一个代表中国人理想人格的道义准则。

按照孔子的观念，君子当然是既有德也有位的人。自古中国读书人的认知就是"学而优则仕"，这是一种抱负，一种胸怀天下，以天下事为己任的抱负；学是一种志于道的人格取向，仕是一种"先天下之忧而忧，后天下之乐而乐"的人格理想。古人的"学而优则仕"不是我们常常所认知的"官本位"思想。古人的官本位是一种"为官于民"的人生追求。

曾子曰："士不可以不弘毅,任重而道远。仁以为己任,不亦重乎? 死而后已,不亦远乎?"意思是说,读书人不可以不刚强而有毅力,因为他负担沉重,路程遥远。以实现仁德于天下为己任,不也沉重吗? 到死方休,不也遥远吗? 由此看到古代的读书人,应该以仁德天下的重担来要求自己,使自己刚强有毅力,不断前进,到死方休。

孔子的一生正是践行了这样的生命价值追求:"吾十有五而志于学,三十而立,四十而不惑,五十而知天命,六十而耳顺,七十而从心所欲,不逾矩。"正是有了这样的人生追求,所以才有在《论语·学而》给我们的人生答案:"人不知而不愠,不亦君子乎?"

孔子的君子思想不是过多地要求他人,而是更多地反省自己。即使人家不了解我,我也不怨恨。在孔子看来,人家不了解,首先要省问自己有没有做到足够好。这和苏格拉底的那句箴言有相似之处:"没有反思的人生是毫无意义的。"

如何理解孔子心目的君子呢? 荀子是这样理解的:"故君子耻不修,不耻见污;耻不信,不耻不见信;耻不能,不耻不见用。是以不诱于誉,不恐于诽,率道而行,端然正己,不为物倾侧,夫是之谓诚君子。"这就是孔子对于君子的要求。《论语·学而》中记录孔子的一句话:"不患人之不己知,患不知人也。"这句话的意思,有个大家更熟悉的话就是"己所不欲,勿施于人"。从现在来可以理解为同理心,或者是换位思考。大到举人任能,小到推己及人，这就是孔子的君子人格。

孔子的"君子之道"该如何践行呢？我们从孔子和曾子的对话中得以理解。"子曰：'参乎！吾道一以贯之。'曾子曰：'唯。'子出，门人问曰：'何谓也？'曾子曰：'夫子之道，忠恕而已矣。'"君子之道，无非是"忠恕"罢了。"忠"是"孝悌之道"，"恕"是推己及人。

孔子倡导仁，所谓"克己复礼，为仁"。君子以"仁"约束自己，用"仁"审视自己，以自己的内心追求为准则；同时也能成己成人，推己及人，达己达人，这才是中国的君子之道，这才是中国人的"贵族精神"。

自由、自然、自主：儒家的思想核心

经典回望

吾十有五而志于学，三十而立，四十而不惑，五十而知天命，六十而耳顺，七十而从心所欲，不逾矩。——《论语》

北冥有鱼，其名为鲲。鲲之大，不知其几千里也；化而为鸟，其名为鹏。鹏之背，不知其几千里也；怒而飞，其翼若垂天之云。是鸟也，海运则将徙于南冥。南冥者，天池也。

——庄子《逍遥游》

我们知道"什么是自由"，我们恰恰不知道"自由从何处而来"。"纯然的自然界"是自然的，自然的一定是必然的，必然的一定是按照确定的规律运行的，比如说，春夏秋冬，四季往复。正是基于这样的一种认知，自然科学来试图认识自然的运动规律，以便可以预测、确定甚至更好地把握未来。

众所周知，人的自我意识一旦觉醒，便开始界定哪些是"我的"，哪些是"非我的"。面对着"非我的"多样性存在，人便生出了好恶之分，也便有了取舍之意，便开始了自主"选择"，"自由"也就随之诞生了。

"自由"缘起于"我"，当面对着"多样性"，就会伴随着自主性的"选择"。觉醒的人类，有的人自由多，有的人自由少；有的人有自由，有的人没有自由；有的人有"自我"，有的人不能"自主"。"纯然的自然界"有了自我意识的人类之后，便多出来一个"人类社会"，这个社会又称"人文世界"；而"人文的自由界"，因为人类的主观性，选择的多样性，而表现出极大的不确定性，也隐藏着不可预测的恐惧，进而不时地展现为社会危机，表现为人与人之间不可调和的关系张力。

危机四伏的人类社会，不再是"自然的自然界"，我们似乎不知何去何从？这时候，古圣先贤们一个个站出来提出了一套套的"应然"之策，不断言说着人类的"价值与意义"，来论证其"应然之策"的合理性、合法性与有效性。

人类大转型的轴心时代，中华大变局的春秋战国，在灿若星河的诸子天空上接连出现了两颗最耀眼的恒星，那就是老子与孔子。老子的"道"思想，孔子的"儒"思想，其实是两种救世方案。道家主张绝圣弃智，顺应自然，往回走，回归大自然，这也是道家的"应然"，终成中华文化一极，承载着中华文化千年一脉。每逢乱世，无不是道家人物，为了匡扶天下而走出山林，周代的姜子牙，汉代的张良，唐代的李靖，宋代的苗广义，明代的刘基；每逢身陷孤绝，无不是"以道处逆"，晋代的陶渊明，唐代的李白，北宋的苏东坡，皆开启了各自精彩别样的人生。

儒家主张"为礼"，非礼勿视、非礼勿听、非礼勿言、非礼勿动，克己复礼，倡导一种人间秩序；儒家主张"为仁"——"我欲仁斯仁至矣"，将心比心，推爱及他，倡导一种和谐人际。"从心所欲，不逾矩"，这是孔圣人毕生的追求之境。何谓"矩"？"矩"是道，是规律，正如《中庸》开篇所说的"天命之谓性，率性之谓道，修道之谓教。"在道的界限内叫"率性"，超越道的边界那就是"任性"了。"从心所欲"是"自由自在"，是自由自在之境。"矩"也是社会规则，是社会秩序，其终极合法性，无不植根于"自然律"，无不植根于"自然"之中。儒家有为追求的"自由"，也有无为因顺的"自然"，实现了"自由"与"自然"的合一。

儒家以"入世有为"之路径，把个体的人从"自由王国"，拯救到"自然王国"，达到"必然王国"，实现"天下有道，大同小异的和谐社会"，这个社会就是我们常说的"大同社会"。孔子的"不逾矩"，与道家的"逍遥游"，与佛家的"大自在"，皆有异曲同工之妙。

天道、地道、人道：
老子送给我们的生活智慧

经典回望

域中有四大，人居其一焉。人法地，地法天，天法道，道法自然。——《道德经》第二十五章

道生一，一生二，二生三，三生万物。万物负阴而抱阳，冲气以为和。——《道德经》第四十二章

我有三宝，持而保之。一曰慈，二曰俭，三曰不敢为天下先。慈，故能勇；俭，故能广；不敢为天下先，故能成器长。

——《道德经》第六十七章

《道德经》作为万经之王，维度之高，短短五千言自古以来其追随和作注者千千万万，似乎皆不能解其言尽其意。我们作为一个《道德经》的爱好者，应该如何让老子的智慧指导我们的人生呢？

《道德经》中最核心的有三章：第二十五章（有物混成），第四十二章（道生一）和第六十七章（我有三宝）。第二十五章重点讲述了何谓道以及道的特征，这一章属于《道经》的内容；第四十二章重点讲述了道和万物的运动属性和规律，属于《德经》的内容；第六十七章重点讲述的是人道的思维。从这三章来看，老子从道

之天、地、人三个层面讲述了天道、地道和人道。

《道德经》第二十五章曰:"有物混成,先天地生。寂兮寥兮,独立而不改,周行而不殆,可以为天地母。吾不知其名,强字之曰道,强为之名曰大。大曰逝,逝曰远,远曰反。故道大,天大,地大,人亦大。域中有四大,而人居其一焉。人法地,地法天,天法道,道法自然。"

人类要认知世界的过去、现在和将来,就不得不在宇宙的终极本体问题上追问、思考并作出解释。老子便是这样一位先知。本章就是围绕着这样一个本原或者本体问题而展开的。这一章讲述了道的本原特征:浑然一体、寂与寥、独立与周行、不改与不殆、天地之母;道的运动特征:大、逝、远、反;道的运动层次:天、地、人;道的遵循法则:人、法地、法天、法道,法于自然。孔子的世界是天、地、人,老子的世界是道、天、地、人;道法自然,道在天地之先,道也在天地之中。

《道德经》第四十二章曰:"道生一,一生二,二生三,三生万物。万物负阴而抱阳,冲气以为和。人之所恶,惟孤、寡、不谷,而王公以为称。故物或损之而益,或益之而损。人之所教我亦教之;强梁者不得其死,我将以为教父。"

宇宙万物如何形成,既是哲学的基本命题,也是科学的核心问题。"万物负阴而抱阳,冲气以为和",这样一个万物的形成论断告诉我们:宇宙的物质本体是气,万物是冲气制化运动的产物。这一章从道、气(一)、天地(二)、和气(三)讲到万物的状态:阴阳、冲气、和谐。道为一,一为道,二分阴阳,三分天地人;万物由阴阳的运动而成,"故物或损之而益,或益之而损",万物的肯定性与否定性，主动性与被动性都在气的运动中生成。

《道德经》第六十七章曰："天下皆谓我道大，似不肖。夫唯大，故似不肖。若肖，久矣其细也夫。我有三宝，持而保之。一曰慈，二曰俭，三曰不敢为天下先。慈，故能勇；俭，故能广；不敢为天下先，故能成器长。今舍慈且勇，舍俭且广，舍后且先，死矣！夫慈，以战则胜，以守则固。天将救之，以慈卫之。"

天地万物均有各自独特的发生、形成和演化变迁的基本原理，生活中如果试图基于某一种事物来定义天地万物共同的道性特征，那么这个道的观念一定是不完整的、不准确的。本章从道的大、不肖与久其细的特征，谈到世人应该遵循的人生之道：慈、俭与不敢为天下先。只有持有并保全这样的人生之道，这样才会"天将救之，以慈卫之"。

从核心三章中我们又得出老子特别要给我们的三句话：人法地，地法天，天法道，道法自然；道生一，一生二，二生三，三生万物；我有三宝，一曰慈，二曰俭，三曰不敢为天下先。三章三句，实际上已经把老子《道德经》的全部主题、内容进行了最富逻辑的概括和归纳，是全部《道德经》的核心。恰恰这些都是自然万物和人一起展开的。《道德经》的八十一章，全都是围绕着三章三句在不断向外延伸，不断循环繁衍，不断进行创造的。

老子的"三章三句"如果用现代语言来说，就是老子的三观和三论：世界观、价值观、人生观与本体论、方法论、认识论。老子的思考，从人自身出发，到地，到天，到道，到自然，最终再回到道，回到天，回到地，回到人自身。而这一切的目的最终都在回到"老子的三宝"：一曰慈，二曰俭，三曰不敢为天下先。这其实是老子真实不虚的"方法论"。老子在这里告诉世人,"我有三宝"是从"道法自然"和"三生万物"来的。

"道法自然"是起点,"三生万物"是终点,从起点到终点的方法就是"我有三宝"。这一点也正好呼应了《大学》《中庸》三纲领:明明德、亲民、止于至善与天命之谓性,率性之谓道,修道之谓教。这里的明明德和天命是起点,至善和修道是终点,路径是亲民和率性之道。

老子的"三宝","慈"是思,"俭"是行,"不敢为天下先"是"思、行"所必须具备的真理起点,即"反伪"的勇敢的言真精神。人类只有在具备了最基本的精神之后,才可能会有行善的实践知识,才可能会有创造的逻辑智慧。

由此可以看到,"道法自然"是真理的基础,"三生万物"是逻辑的力量,"我有三宝"是知识的能力。用今天的话来说,即人类必须先有起点的真理和终点的逻辑,才可能会有真正掌握中途行为规律的知识方法能力。"我有三宝"也正体现了老子提倡人类必须首先认识自己的明确观点。这一点和西方先知"苏格拉底"的"成为你自己"和"孔子"的"成己成人"有着"同道而异理"的智慧表达。

确定性、不确定性、秩序：
"四书五经"在向我们传递什么？

> 兴于诗，立于礼，成于乐。——《论语》
>
> 性相近，习相远也。——《论语》
>
> 礼，与其奢也，宁俭；丧，与其易也，宁戚。——《论语》

对于中国人来说，人人都能脱口而出的传统文化经典就是"四书五经"了，但是知道其包括些什么书的人就比较少了，再能把它读完的人就更少了，如果再理解它的分工和功能就少之又少了，如果再知其而行之的就少之又少、少之又少了。"四书"指的是《大学》《中庸》《论语》《孟子》，"五经"指的是《诗经》《尚书》《礼记》《周易》《春秋》。"四书"之名始于宋朝，"五经"之名始于汉武帝。"四书五经"到底向我们传递了什么"道"与"理"呢？

《五经》说的是道，是天地之道，是天理，是不变，是确定性；《四书》说的是理，是人性之理，是情理，说的是变，是不确定性。从"道"入"理"是一个路径，从"理"入"道"也是一个路径。"四书"说的都是人道与社会之道，是人心，是人性，是理解人性，理解社会性的根本所在。知道这些你就由"理"入"道"了。

如何从"理"入"道"？循着一个"礼"字便能寻到。礼就是人性之道。"子曰：性相近，习相远也。"孔子的话极少，多一个字都不说。上半句三个字说的是人性的普遍性根本问题，后半句三个字说的是普遍性的人性根本问题。真是天人无言，圣人少言。

何谓人性？人性即是人不得不如此的本质倾向。在孔子看来，符合天道也符合人道就是对的，就是应该的；不符合天道不符合人道就是不对的，就是不应该的。这就是天人一贯、天人一致、天人合一的根本原则，这也是孔子心中的天道。从这个意义上来说，孔子的话就是天言。我们从小到大不断成长、不断学习的过程，就是不断证明这些天言都是正确的过程。有些话你如果能直接相信并能践行它，也就算是"悟道"了。

我们该如何循着孔子的"礼"前行呢？孔子毕生致力于的"礼"，就是社会秩序，就是伦理秩序；秩序的背后其实也是人道与地道。孔子的"礼"是社会之道。在孔子眼里，"礼"究竟是什么样呢？怎么样才算是礼呢？七句《论语》"子曰"给了我们用之不尽的人生智慧。

1.礼本于心。"子曰：礼，与其奢也，宁俭；丧，与其易也，宁戚。"这里说的是礼的本质。孔子认为，礼本于人心之仁，表露在外，就是礼。奢者易者，只注重形式外表，流于浮华，不若俭者、戚者质朴而保有内心。

2.取舍于礼。"子曰：知之为知之，不知为不知，是知也。"这句话有太多的解释，这句话对我们的为学、工作、为人都有独到的启示。"为学"要"知之为知之"，强调的是"诚"；"工作"要"不知为不知"，强调的是"实"，为人要"知之为知之，不知为不知"，强调的是既"诚"又"实"。这里面的取舍标准就是一个"礼"。

3. 约之以礼。"子曰：君子博学于文，约之以礼，亦可以弗畔矣夫。"孔子认为，博约并进，文礼兼修，自然不可能背于道。

4. 行之以礼。"子曰：非礼勿视，非礼勿听，非礼勿言，非礼勿动。"孔子的"礼"是作为通往"仁"的路上的必经之路。对于如何约束自己，他在这里不仅给我们指明了方向也给了具体方法；我们从中可以看到孔子的于约束之中见心的自由，于恭敬辞让之中见心的高明；孔子将自己的心充斥于天地，与天地相通，"天下归仁焉"的仁爱之心。

5. 立之以礼。"子曰：恭而无礼则劳，慎而无礼则葸，勇而无礼则乱，直而无礼则绞。"孔子认为，"恭、慎、勇、直"是四种好品质，但是如果"无礼"，就会变得"劳、葸、乱、绞"，就算不上美行了。所以，他才有"不知礼，无以立"的忠告。如果没有礼来"约束"，不知礼，原本好的德行也只能见到它的不好之处了。可见知礼、约礼的必要性。

6. 礼成于信。"子曰：君子义以为质，礼以行之，孙以出之，信以成之。君子哉！"我们从这句话里可以看出孔子指出的做人做事的四字原则：义、礼、逊、诚。

7. 礼成无邪。"子曰：兴于诗，立于礼，成于乐。""诗三百，一言以蔽之，曰：思无邪。"孔子认为，《诗经》本于性情，吟咏之间，抑扬顿挫，感人易人，可以兴，可以观，可以群，可以怨，故兴于诗；礼以恭敬辞让为本，君子修身立本离不开礼，学之可以自立，不为事物动摇，故立于礼；乐者尽善尽美，内容和形式都离不开礼，可以养性情、顺于道，闻乐而有所得，故成于乐。

兴于诗、立于礼、成于乐：《诗经》的忠告

经典回望

> 诗三百，一言以蔽之，曰：思无邪。——《论语》
>
> 非礼勿视，非礼勿听，非礼勿言，非礼勿动。——《论语》
>
> 子在齐闻《韶》，三月不知肉味。——《论语》

《诗》《书》《礼》《乐》《易》《春秋》，这是圣人孔子给我们排的顺序。众经之首，理所当然是《诗经》。在孔子眼里，做人之道是基础，因为人是认知万物的根本。这个人世间应该由人去解读万物，建立规章制度，才有了《尚书》；再进一步要建立人际规范，又有了《礼经》《乐经》；为了认知天地之道有了《易经》；最后去创造历史，而有了《春秋》。《诗经》以情感的"中庸"及"思无邪"为基点，用它来为"六经"定了自然的基调。

中华文化的典籍以经、史、子、集分门别类，编纂体制是以儒学为基础。《四库全书》为了美观与便于识别，分色装帧，经部绿色，史部红色，子部蓝色，集部灰色。颜色的选定依据的是四季的春夏秋冬。书籍是文化载体，按春夏秋冬排序，是中国人对古籍内涵的独特感受——经部，意味着文化的生发和开端；史部，

是人类历史的铺陈和恢宏；子部，如金秋般沉淀着人类精神的营养和多样性；集部，敛藏着文学艺术冬日般的精粹与对人心灵的激荡。《诗经》不在集部而在经部，说明《诗经》彰显的是人类文明的元意识——率真、朴实、活泼。

茫茫人海中，普遍价值自古就有：一种简单诗意的生活——尊崇自然、不过度开发、尊重天地宇宙、前人栽树后人乘凉……我们很少谈论"自由"，但我们谈论"自在"和"知命"。我们宗法社会本身并不是建立在"平等"上的，更何况，有山就有水，有高就有低，有阴就有阳，有时不是倡导"平等"，而是提倡"和谐"。

一寸光阴一寸金，寸金满买寸光阴。今人爱说"时光"，古人爱说"光阴"。流逝的是时光，而积淀的恰恰是光阴，"光阴"比"时光"更有诗意，时光可以挥霍，但光阴需小火慢熬。《诗经》，四字一句，节制而简单，不滥用情感，不滥用精神，我们的祖先早已窥破了生活的秘密——三千年读史不外功名利禄，九万里悟道终归诗酒田园。

美好生活，就是美生活，好生活；美好生活需要《诗经》装点，因为这里有田园之美，有山水之美，有桃之夭夭，有蒹葭苍苍，有柏舟泛流，诗情润于笔下，智慧宁静致远，这才是传统文化的精髓。《诗经》给了我们"情感的中庸"，中庸不是平庸，情感的中庸不是压抑情感，而是让情感符合"中道"，从克制、觉悟中获得喜悦和从容。

不学诗，无以言；不学礼，无以立。孔子认为，人的一生情动于中，兴于诗，发言为诗；人性约束，立之于礼；和谐人生，成之于乐。

格物、致知、穷理：人生认知的三个层级

> 有德者必有言，有言者不必有德。仁者必有勇，勇者不必有仁。——孔子

> 是以大学始教，必使学者即凡天下之物，莫不因其已知之理而益穷之，以求至乎其极。至于用力之久，而一旦豁然贯通焉，则众物之表里精粗无不到，而吾心之全体大用无不明矣。
> ——朱熹

关于格物、致知、穷理这三个认知层级，孔子用的方法是"守静"。《大学》中讲得很清楚："知止而后有定，定而后能静，静而后能安，安而后能虑，虑而后能得。"朱熹和孔子讲的方法未必相同，方法自然也是对的。所谓的"致知在格物"，说的是要让自己认知达到一种"至善"的程度，在于接物而穷究事物的道理。看一个人的方法到底能不能行得通，只要看他的"心"就知道了。

孔子的"心思"都写在《论语》上。孔子"悟道"了，因为他用他的"心"替天说话，他说的话是"天言"。所以，孔子的方法一定行得通。他的很多学生也"悟道"了，因为从学生和孔子的对话中就可以看出来。从朱熹的语言中也可以看出朱熹是"悟道"了，因

此朱熹的方法也是可行的。

首先，悟道在格物。很多人会觉得奇怪，既然大家用不同的方法都可以"悟道"，那么《大学》"八目"中"诚意""正心"会不会是一种太主观的东西，是"仁者见仁，智者见智"的东西。有这样的想法，错在心的一个"诚"字上。如果每个人都想凭借自己主观去推论演绎，那肯定是有问题的。如果你认为一个人很阴险，你就会用对待阴险之法去对待他，这样你要么会对他避之唯恐不及，要么会对他冷嘲热讽。这样你们之间误会越来越大，矛盾就会越来越大，你的判断也逐渐会偏执起来；但是你自己始终不知道内在的原因在哪里；而"诚意正心"恰恰是最后达到的状态"不二"法门，这种状态就是"明明德"，也叫作"悟道"。

"穷理"不是根据自己的主观意识去推断，而是依据自然之理、社会之理、人之理，是依据天理、道理、情理来让自己不断格物不断致知，最后状态回归为自然，正如老子所说的那样："人法地，地法天，天法道，道法自然。"

"诚意正心"，心理学称之为正念，是一门严谨的科学。科学发现需要三个条件，即质疑、独立和唯一。何谓的质疑就是用怀疑的眼光看待这个结果。怀疑的背后本身需要诚意，只有诚意才会有真正的怀疑。除了立于自身诚意去质疑，还需要独立地去发现，也就是说自己独立地按照某种方法不断地去格物不断地去验证。自己格物得出的结果和圣人得出的"明明德"没有差别了，这也就是实现了唯一和同一了。

在历史上每个不同的个体都是在独立地进行质疑，最后都得出相同的结论。格物、致知、穷理后所得出的结论完全是科学的，只是不同的国籍和民族用的语言和表述不同。

古今中外，很多重大科学发现都是基于"修心养性"，都与"明道"有关。学习中华优秀传统文化的实质就是修心明道。中医文化和太极文化都是道的繁衍，有着严谨的科学体系，也是真正的科学文化。大自然有一个亘古不变的法则，就是道。道就是阴阳平衡，人是自然的一部分，人的每一个部分也应该遵循自然，做到阴阳平衡了也就健康了。

人心最为灵敏，没有不知道的道理，而天下的事物都蕴藏着其固有的原理，只是因为人们没有穷尽事物的道理，所以他们知晓的程度就不能达到穷尽。人和自然是融为一体的。自然是什么样子，人心就应该是什么样子，这就是天人合一。世界是宁静虚无的，人的内心也应该是恬淡虚空的。人和自然是交互感应的，你的内心只要有一点不平静，说明你偏离了自然，此时的你一定能感受到。

其次，做事在格物。人的心灵知道所有修心的道理，知道所有做人做事的道理。为什么世界上还有这么多人不会做人和做事呢？这主要是因为人们的内心被蒙蔽了，要让人们找到所有人生的答案，就需要我们"格物致知"。人之所以知道做人做事的道理，一个重要的原因就是内心要诚。只要内心有一点亏欠，人就能感受到。

日常生活中，我们绝大多数人无法体察自己的情绪，一没有修心的人所追求的仅仅是对与错、是与非，往往会选择忽视自己的情绪；二是因为人从生下来情绪就开始逐渐积累，人们在生活中很少能感受到内心的宁静，人们逐渐会把情绪视作理所当然。

一个人"诚其意"的过程就是学会"做人做事"的过程，通过"格物致知"可以让内心达到一种极致的宁静；宁静了也就穷理了，也就有了像传统文化大家金克木说的"书读完了"那样的感觉。

再其次，做人在致知。当自己自由之后就会推己及人，也可以说是"己所不欲，勿施于人"。因为你内心知道别人哪些地方会亏欠，就不会触及别人的软肋，这就是做人的道理。一个人知道做人做事，这个人就很幸福，自然也会很成功。

儒家修心有两种学派：一是认为"理"存在于万事万物之中，这是理学学派，代表人物是程颢、程颐和朱熹；一是"理"存在于内心，"心即是理"，代表人物是王阳明。

万事万物之中是存在大道的，自然的大道就是理。无论朱熹的理法还是王阳明的心法，并没有什么对错，只是一个人的侧重点和个人的选择问题；这就像佛家的修心方法有八万四千法门，每个法门都是可行的，并没有好坏之分，只是方法的适不适用问题。

有人可能有疑惑，难道圣人说的每一句话都是真理吗？这个问题不要怀疑，因为圣人是内心完全"明明德"的人，他的心是遵循的"常道"，他的语言也是真理。

儒家文化"已知之理"是《大学》《论语》《孟子》《中庸》；佛家文化"已知之理"是《心经》《金刚经》《六祖坛经》；道家文化"已知之理"是《老子》《庄子》。按照这个道理，你就可以穷理得出，天下人也同自己一样。

一个人用一种方法修心，这是最稳妥的方法。很多时候，一个人之所以不停地更换各种方法，还是内心没有感悟。一个人一旦懂了修心的原理，自然就会沿着这条道路走下去。

　　道理虽然很浅显，但是真正让这些浅显的道理成为自己内心的感悟，其实并不简单。我们很多时候都是迷失在一个又一个看上去很浅显的道理上。"明德"不是打坐，"修心"不是背诵圣人之言，一定要用自己知道的道理，穷究自己遇到的万事万物。这就是致知的原理。

　　真正通晓人生的各种道理，并不是通过学习而懂得的，而是从内心映照而来的。格物、致知、穷理实际是一种渐修、次第的认知方法。

成己、成人、成物: 读懂生命的本质

经典回望

己欲立而立人，己欲达而达人。——《论语》

己所不欲，勿施于人。在邦无怨，在家无怨。——《论语》

诚者自成也，而道自道也。诚者物之终始，不诚无物，是故君子诚之为贵。诚者非自成己而已也，所以成物也。成己，仁也；成物，知也。性之德也，合外内之道也，故时措之宜也。

——《中庸》

中国传统文化是关乎生命与生活的学问。在"己欲立而立人，己欲达而达人""己所不欲，勿施于人"的忠恕之道的背后，蕴含着中国智慧的终极关怀。成己、成人、成物也就成了生命的终极追求，揭示了中国传统文化的生命智慧。人类有三种希望和追求：一是如何过一种与自然相适应的生活；二是如何过一种好的社会和群体生活；三是如何过一种自我身心和谐和平衡的生活。这里说的自然、社会和自我的关系背后都是指向生命所在。

中国文化的学问是为己之学，是成就自我、成就他者、成就万物的生命之学，核心是教导"人"如何过一种好的生活。所谓"好的生活"即心安理得、问心无愧的精神和伦理生活，并把这种个人生活扩展到他人和社会。

西方的箴言是"成为你自己"，中国的箴言是"成为自己，成就自己。

曾有这样一对孪生兄弟：个性活泼的哥哥在饥寒交迫下投身寺院当了和尚，个性安静的弟弟在巧合的机缘下娶了妻子，生了儿女。

兄弟俩过得极不快乐：哥哥羡慕弟弟娶妻生子，享尽家庭温馨；弟弟羡慕哥哥皈依佛门，远离尘世纷扰。一天，兄弟俩相约在半山腰的小凉亭闲谈，正要离开时，发生了山崩。他们慌乱地躲进了一个小山洞，幸免于难。半夜，哥哥怕弟弟着凉，脱下僧衣给弟弟盖上；清晨，弟弟感激哥哥的照顾，脱下上衣给哥哥盖上。

几天后，兄弟俩获救了，但哥哥被送回了弟弟家，弟弟被送回了哥哥住的寺院。他们将错就错住下了，体验自己向往的生活，哥哥为了衣食拼命干活，丝毫享受不到家庭生活的温暖；弟弟为了准时撞晨钟、诵早课，彻夜未眠，半点感受不到出家生活的悠闲。

兄弟俩终于又恢复了各自的身份，这才发觉，还是做自己最好。

《留一只眼睛看自己》这个故事说的也是这个道理。日本近代有两位一流的剑客，一位是宫本武藏，另一位是柳生又寿郎，宫本是柳生的师傅。

当年，柳生拜师学艺时，问宫本："师傅，根据我的资质，要练多久才能成为一流的剑客？"

宫本答道:"最少也要十年吧!"

柳生说:"十年太久了,假如我加倍苦练,多久可以成为一流的剑客呢?"

宫本答道:"那就要二十年了。"

柳生一脸狐疑,又问:"假如我晚上不睡觉,夜以继日地苦练呢?"

宫本答道:"那你必死无疑,根本不可能成为一流的剑客。"

柳生非常吃惊:"为什么?"

宫本答道:"要当一流剑客的先决条件,就是必须永远保留一只眼睛注视自己,不断反省自己。现在,你两只眼睛都只盯着'剑客'这块招牌,哪里还有眼睛注视自己呢?"

柳生听了,惊出一身冷汗,顿然醒悟,依师傅所言而行,终成一代著名的剑客。剑道如此,人生亦是如此。

儒家文化的慈爱,佛家文化的慈悲,道家文化的慈柔,里面都追求一个"慈"。"慈"是基于自爱而产生的共情,推己及亲是孝敬父母,是爱父母;推己及人是爱人,是人类之爱;推己及物是爱物,是与万物为一之爱。这是中国智慧的"仁爱"的精义和伦理价值。

中国人当前面临的困境是意义、价值和信仰失落,我们应该从中国智慧中寻找共有的价值和信仰,建立爱与诚信的社会。《中庸》曰:"诚者,非自成己而已也,所以成物也。成己,仁也;成物,知也。性之德也,合外内之道也,故时措之宜也。"自我完善是仁,完善事物是智。仁和智是出于本性的德行,是融合外物与自身的准则,所以适时施行才是合宜的。

华东师范大学刘擎教授在《做一个清醒的现代人》中表达了这样的观点：当我们翻开历史课本时，面对历史的蒙昧，我们常常自诩为"现代人"，我们有属于自己的"现代文明"，我们有属于自己时代的现代生活。然而，妨碍我们成为一个"现代人"的往往也正是物质的极大丰富：让我们过于追求感官的愉悦，沉迷在科技和信息爆炸的"现代性的幻想"里，社会秩序和各种思潮变幻无定，让我们来不及思考，以致一叶障目。这些都让我们忘记了"人之为人"的本质何在，忽略了"现代"来自人的觉醒和理性的启蒙究竟来自何方。

我们作为一个"现代人"对生命的本质有过片刻的清醒吗？我们目光总被现实和焦虑牵引，总是被眩惑的生活表象牵引，我们更喜欢说"难得糊涂"聊以安慰，很难再保持清醒的洞察。物质层面的文明，虽然是现代文明最绚丽的"景观"，却只是文明的最表层；相比之下，思想才是永远的最深层。

一个民族需要仰望星空的人。这是黑格尔送给这个世界的警示语。要想成为"一个清醒的现代人"，我们需要从思想上穿过三重门。

第一重门：成己——认识自己。成己做个好人，成人做个君子。很简单，很易行。我们明白什么是"人"该有的样子吗？认识人之所以为人的根源，也就是认识自己。这个社会人们只热衷于追求"有用"，不问是否"应当"。"有用"是做事的思考视角，"应当"是做人的思考视角；做事追求"有用"让我们更关注科学，做人追求"应当"让我们更不能无视伦理。信息爆炸时代，人们缺少的是如何取舍之道；知识精英擅长传授"有用"的知识，却极少传播"应当"的良知，从来不问这些背后的伦理和良知何在。

科学往前走，哲学往后走，回到这些问题需要回到我们思想传统的开端，公元前 500 年前后的"轴心时代"。对人的生命本质的追问，老子在说，知人者智，自知者明；孔子在说，知之为知之，不知为不知，是知也；耶稣在说，敬畏上帝是智慧的开端；苏格拉底在说：认识你自己！这是人类第一次追问"生而为人"的终极意义。

第二重门：成人——成就他人。一个现代人，既要理解什么是"现代"，又要懂得是什么带来了现代文明，更要认知是什么塑造了我们的现代世界。生活在现代社会，我们足够"现代"吗？如果从一个社会文明发展程度来度量的话，我们似乎又很愚昧和野蛮，又似乎从来没有经历过人的"启蒙"。蒙昧无关乎知识的多少，而来自启蒙的缺失。如果是这样的认知，我们能作为一个"现代人"在当下"成人之美做个君子"吗？

第三重门：成物——成就万物。现代人的"清醒"，是对自身处境的清醒洞察。没有对天地人生的认识，没有对人与社会的反思能力，只会导致道德、信仰、良知、灵魂的方向迷失，只会带来消费主义、实用主义大行其道。如果这样我们很难善待自己，善待他人，更谈不上善待万物。

正如刘擎先生所表达的那样：一个清醒的现代文明，必须"让人活得像一个人"：既有进取、创新和自利，又有正义、契约和悲悯；一个清醒的现代人，必须追求自由和理性，坚守"秩序下的自由、信仰下的理性"，找准自己的边界和坐标，真正实现"从心所欲，不逾矩"的自由境界。

如今我们既不能做一个过于悲观者生出"今不如昔"的错觉，沉湎于过去，逃避当下，又不能做一个盲目乐观者，盲目自大，为所欲为。如果这样，我们很难真正理解古今之变的本质，未来之变的趋势，我们对这些本质的理解程度，恰恰决定着一个国家、一个时代的精神上限，也决定了一个人做人的底线、获得个人幸福的下限。

"人类命运共同体"恰恰是从人的生命角度，提出了我们该如何"理解"现代、"解释"现代、"解读"现代、"解决"现代的天人合一的宇宙观，协和万邦的世界观，和而不同的社会观，人心和善的道德观。"和合四观"来自天地人三才之道，这也是新时代寻求的生命之道。只有这样，我们才能在现实的嘈杂中做到尽量"清醒"，回归到对生命意义的寻找上来；在纷繁的思想流派里，勾勒出当代世界的生命本质和精神本质。

天理、伦理、情理：中国人喜欢讲道理

> 　　道恶乎往而不存？言恶乎存而不可？道隐于小成，言隐于荣华。故有儒墨之是非，以是其所非而非其所是。欲是其所非而非其所是，则莫若以明。——庄子《齐物论》

　　记得有次和一个朋友在一起吃饭，席间问了大家一个问题，如果碰到一个不讲理的人怎么办？问起我的时候，我说了四个字：不讲，不理。不讲，是因为他不讲理；不理，是因为讲也没有用，干脆不讲不理，沉默是金，冷处理。

　　我们经常看到这样的情况，公交车上你一言我一语不停地讲道理，商场里各说各的理，工作上争执不下，谁也说服不了谁。其实，庄子在《齐物论》中早就说了："道隐于小成，言隐于荣华。故有儒墨之是非，以是其所非而非其所是。欲是其所非而非其所是，则莫若以明。"

　　庄子《齐物论》中说的"道隐于小成"，"小成"指的是短暂的浅显的认知，"大成"指的是恒久的深刻的认知，作为"大成"的道往往被"小成"遮蔽，无法获得人类的指引，故曰"道隐于小成"。"言隐于荣华"，"荣华"指的是世事纷乱至极，因为人们的行为造成世事，"纷乱"即行为甚多，故曰"荣华"。此时有言也不能化为言，而直接化为了行动。大打出手，拳来脚往，早已无法心平气地去讲道理了。

儒墨，孔丘、墨翟各自所创之说，互相抵触攻击。儒家有其一套主张为"是"，墨家有其一套主张为"非"；而墨家以其一套主张为"是"，以儒家一套主张为"非"，它们各自肯定恰恰是对方否定的，各自否定恰恰是对方肯定的，所以争来争去，永无结果。与其肯定对方认为的"错误"、否定对方认为的"正确"，那么，不如"莫若以明"都归于道的层次，不再有是非争论的境界。是无，非亦无，谁都不存在了，还有争斗、互相否定吗？

为什么会这样呢？因为每个人都活在自己的认知里，也就是自己的"小成"里，也就是"看山是山，看水是水"的世界里。你所讲的所有道理都是自以为的所谓道理，而不是"看山还是山，看水还是水"的世界，彼此已是两个世界。

认知是个大学问，认知的背后就是智慧。中国古代有个小故事说的就是看问题的角度和方向。

春秋时代，智伯想要攻打仇由国，可是往仇由国的道路艰险难行，于是铸了一个很大的钟，说要赠予仇由国。

钟，在古代是非常重要的礼乐之器。凭空得到这样一件大礼，仇由国君当然非常高兴。只是这座大钟大到要两辆大车并排才能装载起运，没有大道就运送不到。仇由国国君知道后喜出望外，动用了大批人力凿山填沟，铺路架桥，修一条大道准备将大钟迎接回国。

仇由国的大臣劝谏说："此举万万不可，《诗经》有云：唯则定国，我们区区一个小国，又能有什么让智伯高看之处呢？智伯的为人，既贪婪，又不讲信用。况且送大礼这件事，都是小国讨好大国才会做的，现在却颠倒过来了。这正是智伯要攻打我国却苦于无大道可通，所以想用这座大钟来骗我们拓修道路，送钟的大车来时，晋国的军队一定跟在后面。大钟万不可收纳。"仇由国国君不信，不听，仍下令"斩岸堙溪以迎钟"。

大钟运回仇由国不久，智伯的军队就顺着运钟的道路入侵仇由国，将仇由国消灭了。

从这个小故事我们可以懂得这样一个道理：太阳照射的另一面，必有阴影存在，从相反的角度思考，可以让自己看得更宽、更广。这便是反向思维的力量。

中国人喜欢讲道理，你确定你讲的真是道理吗？中国人讲道理往往讲的不是道理，而是伦理、情理。往往把道理和情理、伦理当成了一回事，其实是两回事。中国文化的理来自天地人三才之道，即天理、伦理和情理，唯独没有道理。

很多人自以为的道理，其实是从西方文明那里学来的，并且压根儿就没有明白到底什么是道理。所谓道理，即是物之理，也就万物之理，更明白地说就是做事的道理。俗话常说：心存天理，做事讲道理，做人懂情理，这就是中国人的人情世故，中国人的处世之道。

那你再看看，中国人讲的理是什么理？他讲的都是做人的理，即所谓的天理、伦理和情理，都是和人有关的。所以说，东西方文化最大的区别，西方教育往往是教你做物，东方传统教育是教你做人。对这样的统称之为教育的东西，西方是教育，东方是教化。教化和教育还是有很大区别的。因此来说，我们日常遇到的讲道理，你有你的理我有我的理，理与理其实就不是一个"理"。这就是大家喜欢讲道理的原因。

这几年世界纷乱，世界范围内讲道理和每个个体之间讲道理是一样的。当道理讲不通的时候，这世界便开始使用所谓的法律和武力了。所谓法律和武力都还是在讲自己的道理。我们想想，人都是善变的，不确定的，是一个不守规矩的动物，需要一定的规矩进行约束。可怜的人类，自以为是最高级的动物，还是需要法律管理自己。若是没有了法律，没有了规则的约束，那么真不敢想象人类世界是怎样的一个模样？

在动物世界中，也是有规矩的，那就是每个动物群体都有着它们自己的领地。它们的首领会在自己的领地上不停巡逻，以避免其他物种闯入，这都是为了保护群体的安全；动物与动物之间也会划分一定的界线，这就是"领地"，从人类的角度来看就是我们的边界。

宇宙万物都有各自的契约和规则，若是违反了，就必然会引起争端。"两虎相斗，必有一伤"，任何一方都没有真正的胜算。自然界讲究的是生态平衡，动物与动物之间也必然会按照一定的规则进行管理。同样，人类之所以能够安全地生存，那是因为法律这一把剑在坚守着它重要的使命：维护规则，保护大家的生命和财产安全。人最大的愚蠢，就是往往抛弃法律和规则，而与人不停地"讲道理"！

有人说做事需要"菩萨心肠，雷霆手段"，你觉得有道理吗？孔子一生倡导"无讼"的人生：与人为善做个好人，成人之美做个君子。君子与君子可以讲理，君子与小人就不能讲理，讲了也白讲，越讲越生气。正如有段文字说得很好：如果碰见善良的人，我们也会善良；如果遇到霸道、蛮横无理的人，我们就要使用"一剑封喉"的法律武器，保护自己和约束他。讲道理也看情况，理与理之间要能同频道，否则你还是执迷不悟，还不停地讲道理，那只能说你不懂"道理"了。

元宇宙、天命、德性：
关于几个概念的极简表达

道生一，一生二，二生三，三生万物。万物负阴而抱阳，冲气以为和。人之所恶，唯孤、寡、不谷，而王公以为称。故物或损之而益，或益之而损。人之所教，亦我而教人。强梁者不得其死，吾将以为教父。——《道德经》第四十二章

近两年，参加一些《量子领导力》线上课程答疑解惑环节，经常被问起一些关于科学、哲学和文化的问题，譬如：物质和精神、意识与身体、魂与魄、元宇宙、道、无极、信仰、量子纠缠、物质不灭定律、能量守恒定律、善经济、创业、修行、佛系，等等。总觉得这些问题很多都是我们读大学的时候，熄灯之后躺着床上吹牛的话题。突然想起那些美好的读书时光，躺在床上看着天花板，谈天说地、背唱各种音乐主题，想想就觉得读书时光如此美好。这里试着从中国传统文化智慧的角度，进行一些极简的现代表达。

1. 物质与精神、身体与意识、魂与魄。这三个概念来自三个范畴，物质与精神属于哲学范畴，身体与意识属于科学范畴，魂与魄属于中国传统文化范畴。魂为云中之鬼，魄为白天之鬼，中国民间常有人死后升天的说法。其实这里就是人死后为归去，谐

音"鬼"去，即鬼入云端之意；入土为安指的就是魄回大地。魂魄
的概念在中国传统文化中说的就是人在天地间，天地人合一为人。
人归天地就是魂魄分离，魂去了天上，魄去了大地。常见的成语
还有：七魂八魄、魂飞魄散、失魂落魄、魂亡魄失、魂销魄散、
招魂续魄、追魂夺魄、丧魂失魄。

2. 道、无极、信仰。儒释道文化有三本经典，恰恰从道、无
极和信仰来诠释各自的法则。《老子》从"道生一，一生二，二生三，
三生万物"，说出了万事万物背后的演变法则，以及"万物生于有，
有生于无""阴盛阳衰，阳盛阴衰""孤阴不生，独阳不长"的变
化秩序。《周易》从"无极生太极，太极生两仪，两仪生四象，四象
生八卦"，道出了中国人在事物面前遵循的不变之变的运动法则。
《莲华经》的思想中心是信仰。任何宗教离不开信仰，没有信仰的
不是宗教。有信仰，不叫宗教也是宗教。信仰属于非"道"或非逻
辑，不能讲道理。讲道理无论讲多少，出发点和归宿处都是信仰。
有理也信，无理也信。信的是什么？不用说也说不清楚。对一个
名字，一句话，一个符号，无限信仰，无限崇拜，这就是力量的
源泉。

中西文化不是"道不同，不相为谋"，而且是各自有各自的那
个"道"。孔子和老子的道是在一条线上各行其道，但彼此不是两
个极端，另一端不叫"道"而叫"法"，也就是我们常说的佛法。凡
是系统都有漏洞，没有网眼不能成为网。所以认知其背后的真义
很重要。

3. 爻动。这个概念是中国文化特有的，科学概念可以称作量
子纠缠。天地爻动就有了万物，人与人爻动就有了社会，人与自

己爻动就有了意识。何谓爻？爻为阴阳互动，符合阴阳规律，追求的理想就是和谐。所谓和谐才有合作，合作才有创造，就是这个道理。

世界的阴阳、善恶、是非、利弊、能量都在爻动，所以才有这生机盎然的世界。中国传统文化的起点就是阴阳爻动：《周易》说的是自然阴阳爻动，《老子》说的是人生阴阳爻动，《论语》说的是社会阴阳爻动，《黄帝内经》说的是身体阴阳爻动。天地人都是阴阳之道，参透阴阳就能洞悉世间万物。

儒释道文化都从各自的道诠释了自己对万事万物能量爻动规则：一阴一阳之谓道，生生不息之谓德，阴阳不测之谓神；万物负阴而抱阳，冲气以为和；不生不灭，不垢不净，不增不减。

4.量子纠缠。量子纠缠的属性有点和中国文化的阴阳相似，量子有三个属性：纠缠、叠加和排斥；阴阳也有三个属性：阴为阴中阳，阳为阳中阴；阴中有阳，阳中有阴；以阳见阳现真阳，以阴见阴现真阴。量子和阴阳都是一分为三，举一反三，一体三面，充分体现了观察者效应：我思故我在，我在故我思。关于量子纠缠可以从中国文化的心灵感应、通感思维、属相命理对照理解，"说曹操，曹操就到"的纠缠现象似乎非常奇妙。

5.元宇宙。元宇宙是人类在科学语境下的美好向往，是人类哲学问题的科学表达。关于这一点，古今中外人类都有各自的愿望：大同社会、共产主义、极乐世界，这些都是人类对终极境界的表达。无限接近、无限接近真理的宇宙，就是元宇宙，讲究合；无限美好、无限美好的现实宇宙，就是大同社会，讲究和而不同的分。有分有合、可分可合、能分能合的宇宙就是人类追求的元宇宙。

6.天命、德性。孔子一生曾经给自己做了既是规划又是总结的一段话："吾十有五而志于学，三十而立，四十而不惑，五十而知天命，六十而耳顺，七十而从心所欲，不逾矩。"短短三十八个字写尽了孔子的一生，也写尽了中国人的一生。

孔子人生的六个过程恰恰也对应了乾卦的六爻：潜龙勿用，见龙在田，惕龙乾乾，跃龙在渊，飞龙在天，亢龙有悔"，更是对应了《论语》的终始三问三答"学而时习之，不亦说乎？有朋自远方来，不亦乐乎？人不知而不愠，不亦君子乎？不知命，无以为君子也；不知礼，无以立也；不知言，无以知人也。"这里的六个人生规划、六个人生阶段、六句人生箴言，都是对应了天地人的三才结构。孔子是一个生下来就知道会成为不朽者，因为他读懂了天，读懂了地，更读懂了人，晚年他留给后人的三句话影响深远：时也，命也；慎始，善终；尽人事，听天命。

至此，中国人的天命观开始影响了一代又一代的圣贤："为天地立心，为生命立命，为往圣继绝学，为万世开太平"；"究天人之际，通古今之变，成一家之言"的"立德、立功、立言"的三不朽的"天命"追求。

知天命不易，守天命不易，成就天命更不易。王国维的人生三境界早就给我们点明了天命之路："昨夜西风凋碧树，独上高楼，望断天涯路；衣带渐宽终不悔，为伊消得人憔悴；众里寻他千百度，蓦然回首，那人却在灯火阑珊处。"

中国传统文化的终极追求就是至诚至信，就是德性。德性就是良知，德性是良心，德性就是天理。《大学》开篇就谈到了"生而为人"的三纲领："大学之道，在明明德，在亲民，在止于至善。"所谓"德"即为人道，明德即为地道，明明德即为天道，即为天理。儒家的三纲即是"性、心、身"。性在心之上，无心不显性；身在心之下，无身不显心。性存天理，有仁；心存道理，有智；身尽情理，有勇。这就是我们常说的"仁、智、勇"三理。

《中庸》的开篇又用三句话呼应了《大学》的三纲领："天命之谓性，率性之谓道，修道之谓教。"道出了天命行的是天道，率性行的是地道，修道行的是人道。天道、地道、人道，德性最为根本，只有秉持了德性的基础，止于至善的人生终极之境才有可能达到。这就是中国人的"安身立命"之道，体现了中国人"知天命，尽人事"的人文精神。

7. 善、纲常、伦理。善，是好，善是平衡，善是恰到好处，止于至善说的就是这个道理。我们古代说的纲常伦理，其实就是现在讲的边界，找好边界，确定好自己的边界，就是找到了自己的不变。何谓不变？日常工作生活中，法律底线是不变，道德底线是不变，党纪国法是不变，守好不变，才能以不变应万变，以万变应不变。这也是《大学》中说的絜矩之道。正所谓：己所不欲，勿施于人；己所欲，亦勿施于人。

现在我们很多年轻人都向往自由、崇尚个性，但是我们要知道，自由不是想干什么就干什么，自由是不想干什么就可以不干什么。有管理才有自由，没有管理何来自由？古代的纲常伦理，就是现代的有管理有自由。互联网文明时代，我们每个人都处在一个流动的边界上，自由自在是懂得边界，懂得规则，学会运用规则，掌握节律，才会有"跃龙在渊"的自由自在，才会进入一个

"极高明而道中庸"的人生境界。

天有阴阳，地有刚柔，人有仁义。《理想之城》是一个现代都市电视剧，讲述了三个年轻人的奋斗故事，三个年轻人的背后其实是讲述了儒释道文化的三个角色投射。女主角苏筱讲述的是一个入世的儒者形象，坤者乾道；夏明描述的是一个出世入世的道者形象，乾者坤道；吴红玫描述的是一个出世的释者形象，谦谦君子，慈悲之道。乾为正，坤为德，谦为中，这三个形象是中华文化的核心智慧：自强不息，厚德载物，谦谦君子。这部电视剧正是向我们讲述一个现代版的阴阳爻动、因果轮回的新时代故事。

天命、良知、自由：人类灵魂的向导

经典回望

君子有三畏：畏天命，畏大人，畏圣人之言。小人不知天命而不畏也，狎大人，侮圣人之言。——孔子

居天下之广居，立天下之正位，行天下之大道。得志，与民由之，不得志，独行其道。——孟子

何谓哲学？哲学是研究世界人生的学问，哲学是人生的罗盘。

何谓良知？良心是人类灵魂的向导，良知也可以解释为一切良好的认知。判断一个人是一个野蛮人还是文明人，最大的区别就是有没有受着良心的指导。一个处于自然状态中的野蛮人是一个半神半兽的生物，一个有道德的文明人就是一个受着良知指导的善良人。

何谓自由？自由是道德的前提，自由不是想干什么就干什么，自由是不想干什么就可以不干什么。人与动物的最大区别在于人是一个有意志的生灵，而意志的本质恰恰就是自由。在人类社会的一切财富中，最为可贵的东西不是所谓的权威而是自由。自由度就是我们常说的维度。

文明人与野蛮人的最大不同之处在哪里呢？文明人在道德生

活方面的行为，不是受自然律而是受自由律支配的。法国哲学家、教育家卢梭认为，唯有道德的自由，才使人类真正成为自己的主人；唯有服从人们自己为自己所规定的法律，才是自由。所谓的自由是指意志自由，意志自由恰恰又是一切道德生活的首要前提；真正的道德生活行为，不是在强力的压迫之下做出的，而是在自觉自愿的情况下做出的选择。

从某种意义来说，放弃了良知就等于放弃了自由。放弃了自由亦即放弃了道德生活的前提；放弃了这个前提也就放弃了自己自由行为的一切道德性，从而也就放弃了做人的资格，因为道德生活乃是人与动物的根本区别。

卢梭说："人是生而自由的，却无所不在枷锁之中。"给别人戴上枷锁的人，必然使自己陷入无形的枷锁之中。致良知是使人自由以便使人通过选择而为善去恶，进一步通过格物为自己的行为承担责任。

孔子的"畏天命，知天命，听天命"，是把它和君子的基本修养结合在了一起。孔子曰："不知命，无以为君子也；不知礼，无以立也；不知言，无以知人也。"孔子又曰："君子有三畏：畏天命，畏大人，畏圣人之言。小人不知天命而不畏也，狎大人，侮圣人之言。"孔子所说的天命，第一，它是客观存在；第二，它是正信。孔子的"天命"，就是良知，就是天性。

天命包括人与自然的关系，人与社会的关系，人与人的关系，这是客观方面。这些都是先我们而存在，或我们无法改变，不以我们的主观意志而改变的。譬如，我们生在地球上，生在中国，这就是天命。我们生而为人，这也是天命。我们生在这样的家庭里，有这样的父母、兄弟、姐妹，这也是天命。这一切，都是我们必须认知和认同的，必须无条件接受的。接受了这些之后，我们还得对这些命定的一切尽相应的责任，这就是天命的主观方面。

天命包括人的道德责任、为人的准则等丰富的含义，这是主观方面。知天命就是能认识到人是有道德使命的，即人不仅是一个道德的存在，从而区别于一般动物；而且，人还负有道德世界的行为责任。知天命不仅使我们有敬畏心，还赋予我们进取心。认知天命，是仁；敬畏天命，是礼；履行天命，是义。孟子曰："居天下之广居，立天下之正位，行天下之大道。得志，与民由之，不得志，独行其道。"这就是我们每个人的天命。

按照孔子的理解，"知天命"的"知"，不仅是指"知晓""认知"，更是"履行"，是"知行合一"，即是致良知。

道、程序、至善：重读《大学》

古之欲明明德于天下者，先治其国；欲治其国者先齐其家；欲齐其家者先修其身；欲修其身者，先正其心；欲正其心者，先诚其意；欲诚其意者，先致其知；致知在格物。物格而后知至，知至而后意诚，意诚而后心正，心正而后身修，身修而后家齐，家齐而后国治，国治而后天下平。——《大学》

物有本末，事有终始；知所先后，则近道矣。自天子以至于庶人，壹是皆以修身为本。其本乱而末治者，否矣；其所厚者薄，而其所薄者厚，未之有也。——《大学》

　　谈到中国传统文化经典，必然绕不开儒家三个人：孔子、董仲舒、朱熹。这三位圣贤所处的时代有所不同：孔子处在开始分崩离析趋向不稳定的天下，董仲舒处在统一的稳定的天下，朱熹处在分崩已久趋向大一统的天下。这三位恰恰对中国传统文化的核心经典的形成起到了至关重要的作用。

　　孔子删"六书"，董仲舒定"五经"，朱熹定"四书"，至此"四书五经"基本定型，成了千百年来中国人的"定海神针"，成了中华文化的"变与不变"的道统。《大学》作为"四书五经"的一部，虽然只有一千七百多字，重要性却不可低估。它是儒家文化的入德之门，也是打开中国传统文化经典之门的一把钥匙。

《大学》讲的是大学之道，即"平天下"之"道"，也是天人之道。当年朱熹所处的世界和所思考的问题，和今天的时代还是有很多相似之处的。在朱熹看来，"四书五经"就是当时中国的修身大纲，《大学》正是"四书五经"的大纲。

关于如何学习"四书五经"，个人认为不必刻意去背，量力而行的知行就可以了。时间一长就知道它的妙处了。阅读经典要结合最好的注疏，譬如《礼记》，可以用郑玄、孔颖达注疏的版本。一般来说，我们读经，应在碰到不懂的地方时才去查看注释。我们读经，不必强求都能读懂。历史上把经文能读通百分之七十已经算是高的了，所以我们不需要读经都能尽通。《大学》这部经，如果花点时间还是能读个大概的。作为每个上过大学的我们来说，读一读《大学》还是十分有意义的。

《大学》本来是汉代儒生整理出来的《礼记》的一篇，它能突出成为"四书"之一，并在元明清三代的科举考试中的必读书，这是朱熹的功劳。朱熹为什么这么重视《大学》的确是我们需要仔细思考的。如今历史已经过去八百多年，当时正是天下必然复归于治，要"定于一"，需要实现"大一统"。这时候朱熹提出的"修身、齐家、治国、平天下"的纲领文献《大学》也就顺乎时代而出现，并且得到时代的认可。

阅读《大学》需要读懂《大学》的结构，朱熹提出"四书"和"五经"并列，其实是用来解说"五经"的。"五经"对应于"天干"，寓"五行"之循环；"四书"对应于"地支"，寓"一年四季"之循环。"五经"的《诗》《书》《礼》《易》《春秋》恰恰也对应了"五行""木、火、土、金、水"的相生顺序。"五经"自成一个系统，强调"天道"的"确定性"的"不变"；"四书"也自成一个系统，强调人道的"不确定性"的"变"。《大学》是纲领，《中庸》是核心，《论语》是原理，《孟子》是体系。"四书"恰恰是一个完整的系统，不仅有"不变"的"经"——《论语》《孟子》，又有"变"的"伦"——《大学》《中庸》，对"修身、齐家、治国、平天下"都是"经纬济世"的必读经典。

《大学》的总纲领即所谓的"三纲领"：大学之道，在明明德，在亲（新）民，在止于至善。"三纲领"下又有两个"小纲领"：一个为"知止"，即"知止而后有定，定而后能静，静而后能安，安而后能虑，虑而后能得。"这里说"知、止、定、静、安、虑、得"这样一个"七字"是完成"至善"的重要顺序；另一个为"八条目"，即"古之欲明明德于天下者，先治其国；欲治其国者，先齐其家；欲齐其家者先修其身；欲修其身者，先正其心；欲正其心者，先诚其意；欲诚其意者，先致其知；致知在格物。物格而后知至，知至而后意诚，意诚而后心正，心正而后身修，身修而后家齐，家齐而后国治，国治而后天下平"。这里的"格物、致知、诚意、正心、修身、齐家、治国、平天下"是完成"明明德"这样一个符合天道的终极天命。

此外，总纲之外还有两个重要的论断，既是结论，又是出发点，仿佛就是底层逻辑："物有本末，事有终始，知所先后，则近道矣……自天子以至于庶人，一是皆以修身为本。其本乱而未治者，否矣；其所厚者薄，而其所薄者厚，未之有也。"这里重点说的是一个人要按照"修道"修身，方才是生命大本，舍此无他。这样一个"道"的目的是"平天下"。敬畏天地，天下方平。

《大学》全篇侧重的是"本末""先后"的程序，当说到"德"与"财"的时候就明确指出："德者，本也；财者，末也。""是故君子先慎乎德。有德此有人，有人此有土，有土此有财，有财此有用。"次序和程序是《大学》的重点和要点。程序之外，具有重要意义的还在于两个重要的关键词：道和德。这一点和老子的《道德经》的出发点也是一致的。

《论语》中孔子讲的"道"是"天下有道""天下无道""道之不行"。"性与天道"在孔子那里，是"不可得而闻"的。孔子讲"君子务本，本立而道生"，在孔子心里所谓的"本"是"孝、悌"，这一点和《大学》也是很一致的。《中庸》的开篇也是从"性与天道"展开的："天命之谓性，率性之谓道，修道之谓教。"

《大学》的开篇"大学之道，在明明德"，"道"和"德"在这里并提，看来中国文化的起点是儒道同源的。由此我们可以这样想：《大学》《中庸》《道德经》出现的时间应该相距不远，应该是成立的。后来，韩愈明确提出"道统"的《原道》开篇也提出"仁、义、道、德"，这四个字包含了"儒道"两家文化的起点和终点。

《大学》以"明明德"为"平天下"的基本内容，由个人的"德"而达天下的"道"的程序和次序，这样的观点应该都来自《尚书·尧典》："克明峻德，以亲九族；九族既睦，平章百姓；百姓昭明，协和万邦；黎民于变时雍。"由此来看，中华文明的起点都是源自"尧、舜、禹"政治理想的"儒道"表达。

《大学》是一个政治哲学的完整纲领，是为统一天下而作的，是一个伟大的学问，一个成为大人的学问。《大学》里面讲到了"明明德"是"平天下"的"道";这个"道"就是"修身",就是"德"。"道"认为天子和庶人都是以"修身"为本,因为天子和庶人都是一个人。

《大学》的"平天下"终极关怀,既可以说是政治理想,又可以说是个人修身的大框架,是一个稳定的认知框架,更是一个系统思维框架。如果用当下最流行的用语——元宇宙——每个人都是元宇宙中的那个分子,应该各安其位,各取所得,各司其职,各守其任。"国"和"家"都是元宇宙系统中的小系统,每个小系统都是不同层次的系统组织。每个人又都是有"心、意、知"的个体,都要经过"格物、致知"而得其"正",即达到"至善"之境。

元宇宙是一个大大的桃花源,是一个极乐世界,是一个人类独存的其大无外的世界。从这个角度来看,无论老子还是孔子,无论出世还是入世,都是在遵循着叫作一个"天道"的"人道",并且"儒、墨、名、法、阴阳、道德"六家也都可以纳入这个大系统中,只是解说、解释、解读、解决的不同而已。这种"天道"是以天解人,以人解天,天上人间的相互投射。这也是中国文化的"一贯性"的核心智慧。这种"一贯性"的大智慧,也正是古往今来先贤们为之共同努力的大方向。

《大学》作为一部纲领性文献,重点说了四个要点:一是大学之道,即由"修身"达到"平天下"的终极境界;二是"道"的非时间性秩序,强调的"先后""本末""终始""所厚""所薄",不只是时间序列,重点考察的是背后的因果关系的模糊认识;三是"修身"的人格概念。每个人既是孤立的人又不是孤立的个人,每一个人的"心、意、知"又是独特的、不同的,在结构中的关系不同，都会影响个人所"止"的"至善"之境不一样；四是从"格物"到"正心"的认知过程。这既是可行性问题的探讨，也是实用价值问题的思考。

一部《大学》，自人心讲到天下平；《大学》与《春秋》互为表里，《大学》与《中庸》又互为表里。《中庸》与《周易》为体，《大学》与《春秋》为用。从上述的几个方面来看，《大学》的确是中国传统文化的一把钥匙，可以帮助我们走进中华文明的宏伟大门。

三立、四合、四为：我们的文化需要被点亮

太上有立德，其次立功，其次立言，经久不废，此之谓三不朽。——《左传》

立德，谓创制垂法，博施济众；立功，谓拯厄除难，功济于时；立言，谓言得其要，理足可传。——孔颖达

夫大人者，与天地合其德，与日月合其明，与四时合其序，与鬼神合其吉凶。先天而天弗违，后天而奉天时。天且弗违，而况于人乎？况于鬼神乎？——《周易·乾卦·文言》

为天地立心，为生命立命，为往圣继绝学，为万世开天平。

——张载

曾几何时，中华文化一直在高维处照亮着我们脚下的华夏大地，从孔孟老庄到朱熹王阳明，再到近代以来的仁人志士，他们为中华文化的光照人间，一直遵循着"与天地合其德，与日月合其明，与四时合其序，与鬼神合其吉凶"的"立德、立功、立言"三不朽之人格理想，努力寻求着"为天地立心，为生民立命，为往圣继绝学，为万世开天平"内圣外王之道和经世济用之学。走到今天物质极大丰富的信息文明时代，难道这些都不需要了吗？

时常想起这些简单的道理，难道世人都不明白还是太明白了呢？迷途不改是肯定的。点亮文化和被文化点亮的问题，其实是外求和内求的问题。

中国传统文化的复兴不是我们去点亮文化，而是我们需要被文化点亮。我们优秀的传统文化一直在那，那个灯塔一直在那，无须我们去点亮文化，而是我们需要被感化，被认知。今天依旧还有大量从业者以为在点亮文化，以为这是为了所谓的流量是在传播，是在传递。这么多年，我们古老的文化灯塔不是不够亮，而是被我们搞得太绚烂了，太亮了，我们的眼睛都快目不暇接了，眼睛都快变得盲目了。

当今的社会我们更需要的是"被文化点亮"；这是值得今天所有文化投资者、从业者反思，你的工作，可以点亮今天的人们吗？人又如何被点亮呢？如果不是，只会换来一个又一个投入的失败！

那我们再追问，点亮今天的人们关键在哪里？为什么我们需要被点亮，是当代人的人生暗淡无光了吗？传统文化的复兴和我们今天的生活方式发生关系了吗？能帮助我的人生重建精神家园吗？和我们对幸福的追求有关联吗？什么样的人生才是未来人们向往的人生？幸福人生的内涵是什么？今天的人急需解决的又是什么问题？面对这些供需关系的严重失衡，传统文化之光又将如何照亮今天正在走向熵增的人们呢？

从业者们对文化的不求甚解，不真诚、不认真、不老实的不良心理是怎么产生的？如何先摆脱掉文化从业者自身的贪婪、执念、恐惧、冷漠、焦虑所带来的不良心理，是一个时代的大命题。

其实大多数从业精英们也深陷人生的泥潭不能自拔，造成了从业者无法从文化中获得欢喜、幸福、智慧，每天只对绩效，只对表面的流量，只对与日俱增的财富产生喜悦感，产生关注度，这些能持久吗？这是正道吗？这能引领我们的文化继续前行吗？

老祖宗告诉我们的话还是要记取的，也是我们常说的内求和外求之间的度的问题，点亮文化为外，点亮自己为内；点亮文化为末，点亮自己为本。有时我一直在想，两千五百多年前的孔子和老子还能照亮着我们走出当下的困境吗？他们当年的思想还能唤醒我们的内心吗？人生在世，我们对生命的困惑变过吗？穷则思变，居安思危，功成思退，《周易》给我们的这些忠告变过吗？

向外回应的是"生生不息"的大宇宙，向内培养的"自强向善"的小宇宙；向下脱离不了物质基础，向上可以提升到高尚的价值理想。这里洋溢着的生命活力，没有内外上下的界限，都是以德性和德行的生命作为宇宙的生命倾向的。

人我、人物、人人:
我们该有什么样的文化人格?

经典回望

人之所以异于禽兽者几希;庶民去之,君子存之。舜明于庶物,察于人伦,由仁义行,非行仁义也。——《孟子》

古之学者为己,今之学者为人。君子之学也,以美其身;小人之学也,以为禽犊。——《荀子》

生乎由是,死乎由是,夫是之谓德操。德操然后能定,能定然后能应。能定能应,夫是之谓成人。天见其明,地见其光,君子贵其全也。——《荀子》

这里我们来谈谈人的精神问题。一位伟人曾说过:"人是需要有点精神的。"这个精神到底是什么?我们说是知心用心。心到底是什么?到底什么是人的文化人格?到底什么是文化呢?这是个很不好回答的问题。

我们先来说说文化这个问题。中国古代对文化有阐释,西方对文化也有阐释,加起来的阐释不下两百种。那到底什么是文化呢?还原到最终的本质,文化就是人留下的痕迹,这个痕迹就是文化,所有的文化都是和人有关。

孟子说过一句话:"人之所以异于禽兽者几希?""几希"指什

么？指的是人跟禽兽之间的差别，实际上很小很小。从现代科学来看，人的基因图谱和猪的基因图谱、小白鼠的基因图谱差别不到千分之一。这是从生物基因学意义上来讲的人与禽兽之差别。在佛教文化里面关于内在的心性来讲，人跟动物几乎没有差别，或者说就没有差别。

佛在菩提树下悟道的时候，他得道之后，站在菩提树下说的第一句话就是：奇哉！奇哉！一切众生皆具如来德相。一切众生包括蟑螂、老鼠、苍蝇、蚊子，皆有佛性。现代量子科学认为，一个量子上携带了全部的宇宙信息。我们身上有多少量子呢？实际上我们本人就是宇宙的一个大量子。孟子说"几希"指的就是那么一点点，就是人的文化性。

我们看到的禽兽是没有文化的，而人是有文化的。人在改造客观世界的同时，也在改造主观世界。所以说，人在向自然实施意志的同时，也对自身实施意志。人会提问题，动物不会提问题。人常常会问，我是谁？我从哪里来？到哪里去？在这个社会中，我的意义是什么？我的生命有什么样的价值？我和其他人是什么样的关系？人会提出一系列文化性的问题。

人在这种"问"的情况下又建立了三大知识系统：人与自身的关系、人与物的关系、人与人的关系。这种关系在远古时期就已经提出来了。人类的宗教和教育都是围绕着人与自身的问题展开的。我们人类建立的所有知识系统，无非都是由这三重关系所组成的。任何一个知识系统我们都可以去对应一下，不会出现在三大系统之外。建立了这些知识系统之后，人最终形成的文化成果是什么呢？最终的文化成果就是人的人格，就是那个差别于禽兽的那个"几希"的东西。

一个人，从自然人通过对自我文化的塑造和成长而形成人格；人类通过认知，最后把自己定义为一个什么样的人格，这个时候才是文化的真实落地，谈文化最后还是要落实到人本身上来。

文化落实到人本身上来形成的分裂，会在四个方面得到体现：人的心性、人的道德、人的学问和人的技艺。我们研究人类教育的核心就是形成理想的或者是完善的文化人格。我们在谈到现代教育的时候，往往觉得问题很严重，媒体上也都说到我们的教育问题很严重。到底哪儿严重呢？就在于我们的教育对文化人格的养成没有精准定义。这个问题就是我们的文化人格在 1840 年以后渐渐地丢失了。

记得大学期间，那是 1995 年前后的时候，当时在上海戏剧学院聆听过时任上海戏剧学院院长的余秋雨教授一场演讲，主题就是《跨世纪的人格准备》，依稀记得余老师说过这样一句精彩的话：一切文化最终都沉淀为人格。这是引用哲学家荣格的话。每个文化影响下的民族都有自己不同的人格呈现。世界文化中的人格有很多，譬如创世人格、英雄人格、先知人格、使徒人格、苦寂人格、绅士人格、骑士人格、武士人格、君子人格。我们民族的君子人格并没有让世界了解和接受。

我们的古代文献就是老祖宗给我们的"遗嘱"，是为了告诉后人应该有什么样人格和处事方式。我们常说的成人之美做个君子，这就是一种中华先知的遗训。"君子坦荡荡""君子周而不比""君子不器""君子怀德""君子有礼""君子成人之美""中庸之道"都是向我们在讲述如何成为一个君子。

我们的文化似乎不太鼓励人们思考真正的大问题，而是吸引人们关注一大堆实利琐事。上学、考试、就业、升迁、赚钱、结婚、贷款、抵押、买车、买房、装修……层层叠叠，一切都是为了活下去，而且也总是企图按照世俗的标准去活才有意义一样，大家似乎已经很不习惯在这样的思维惯性中后退一步，审视一下自己：难道这就是我们一生所需要的一切吗？

小人不及君子，君子不及历史。中国人喜欢阅读历史，当我们追问为什么喜欢阅读的时候，很多人总以为的智慧回答：读史使人明智。读史真能使人明智吗？中国古代文化走的是"经教"的路径，这又是为什么呢？很多人都不去思考背后的缘由。何谓经教？万事万物之不易为经。所谓"经教"就是教给我们一些应该坚守不变的东西，只有懂得和铭记这些应该不变的东西，才能以不变应万变，以万变应不变。

如果从现代科学的角度来说，就是如何处理确定性和不确定性的问题。当我们洞悉了这生命的应该不变的时候，所有的变都似乎清晰可见，也就是我们常说的可预测性。知道了可预测性也就拥有了弹性的处理机制和策略。这就是庄子寓言"庖丁解牛"中告诉我们的道理：游刃其间，方能游刃有余。

中国人喜欢阅读历史还有一个原因，喜欢阅读人世间的因果报应：善恶有报。一代又一代的兵荒马乱依然刻进了中国人的心灵之中，其中的人，其中的事，总是纠缠于爱恨情仇和家仇国恨之中。中国人说不喜欢暴力，是不喜欢暴力发生在自己的身上。只要暴力不发生在自己的身上，历史上总是不缺少所谓的"吃瓜"群众，既然历史的精准轮廓是由暴力来书写的，那么暴力也就具有了最普遍的合理性。这种普遍的合理性一旦来到，不管你喜欢不喜欢暴力依然会准时降临。我们的文化在这样周而复始的历史面前，常常处于一种追随和被动状态，因为我们中的大部分人总会给暴力一些合理性的肯定和阐释。虽然有些暴力刚开始时有着惩恶扬善的正义起点，但不懂得"中庸之道""物极必反"的底层逻辑，使得历史上太多的正义暴力，大多会失控于报复的激情，依然成了历史轮回的惯性。

余秋雨先生多年来致力于文化人格的研究和阐释，他认为，文化的最重要部位，只能通过一代代的人格秘藏遗传下来，并不能通过文字完全传达。中华文化曾经有过至正至大的气魄，那时的文化人生存基座不大，却在努力地开拓空间：开拓未知空间，开拓创造空间，开拓接受空间，为此不惜一次次挑战极限。

其实，余秋雨先生眼中的这个重要部位就是我们的文化人格。我们正处于在一个文化的第四次转型的时代，处在一个变局和困局交织在一起的时代。这个重要部位就像是我们房子的承重墙。余秋雨先生认为，文化转型就像老屋拆迁，粗粗一看确实是一片混乱，顽童、乞丐、盗贼和那些看热闹的闲汉挤在一起，更是乱上添乱。但是这一切都会过去，因为人世间总还有一种更大的力量，形成新的秩序，人们不会因为拆迁而长久地栖存于瓦砾场中。

实际上，这样一个场景正是在中华文明从 1840 年经过三个甲子之后迈向第四个甲子年的进程之中，2080 年的中华文化必将焕然一新。

一个完善的人格到底需要哪些方面的准备呢？心性、道德、知识、技艺一个都不能少。西方人对教育人格有着自己的范式：

"一手拿《圣经》，一手拿斧头"，这是美国教育家富兰克林对美国教育的人格认知确定，本质上就是培养一种坚定的基督教信仰和无限的开拓精神的合一人格；印度人对自己的文化人格也有自己的定位："质朴的生活，深邃的精神。"

回到我们中国人的人格成长历史，中国人应该如何来确定我们的文化人格呢？有人基于儒、释、道三家文化下了定义："佛家的心性、儒家的道德、道家的通学"的圣贤品格。孔子和老子两位先知早就给我们指出了我们文化人格的终极定位："自强向善"的君子人格，也就是《周易》所说的天地格局："天行健，君子以自强不息；地势坤，君子以厚德载物"的乾坤人格。这就是中国人古已有之的天地信仰。

时、命、运: 孔子的话何以经久不衰?

知不知, 上矣。不知知, 病矣。圣人不病, 以其病病。夫惟病病, 是以不病。——《道德经》

学而时习之, 不亦说乎? 朋友自远方来, 不亦乐乎? 人不知而不愠, 不亦君子乎? 不知命, 无以为君子; 不知礼, 无以立也; 不知言, 无以知人也。——《论语》

吾十有五而志于学, 三十而立, 四十而不惑, 五十而知天命, 六十而耳顺, 七十而从心所欲, 不逾矩。——《论语》

人世间, 最神秘、最美好、最精彩应该就是我们常说的命运了。因为命运是客观的, 命运是无奈的, 命运是无解的, 命运是无常的, 命运是无知的, 命运是无端的, 命运是无定的, 命运是无限的……正因为如此, 所以我们常说: 一命、二运、三风水、四积德、五读书、六工作、七嫁娶、八遇贵人、九养生, 这样九个人生境遇道出了一句我们常挂在嘴边的劝人劝己的话: 人生不如意十有八九, 可与人说处只一二。

何谓命运? 命也, 运也, 合二为一是为命运也, 这也是所谓的世界观。命为时, 所谓天时也; 运为界也, 所谓地利也; 观为人之观念也，所谓人和也。命是确定的，因为我们都会死的；运是不确定的，因为什么时候死，在什么地方死，因何原因而死是不确定的。这让我联想到了量子这个科学概念。我们的生命之始于一个受精卵，这个受精卵形成时间地点都是确定的，这个受精卵渐渐成长的时间地点又是不确定的，从这个角度来看，我们每个人的生命就是一个量子。生机勃勃的量子世界，生机勃勃的生命世界，多么的神奇神秘啊！

大家对北宋贤宰相吕蒙正的《劝世章》应该不陌生，也称《寒窑赋》。吕蒙正曾任当时太子（宋真宗）的太傅，此文就是吕蒙正为了劝诫太子而作的。吕蒙正自述从贫苦到富贵的经历，并列举了历史上诸多名人的起伏命运，来说明一种自然循环的人生思想："若天不得时，则日月无光。地不得时，则草木不生。水不得时，则波浪不静。人不得时，则命运不通。若无根本八字，岂能为卿为相。一生皆由命，半点不由人。"

《论语》的开篇和结尾处用了孔子的三问三答，三问三答都是站在"天地人三才"的视角问出了人生的终极问题，也回答出了人生终极认知："学而时习之，不亦说乎？有朋自远方来，不亦乐乎？人不知而不愠，不亦君子乎？不知命，无以为君子也；不知礼，无以立也；不知言，无以知人也。"孔子的三问三答告诉我们这样一个道理：学道要有志，利群要有识，知己要有恒。所以，孔子用"吾十有五而志于学，三十而立，四十而不惑，五十而知天命，六十而耳顺，七十而从心所欲，不逾矩"这样六个人生阶段和《论语》的三问三答做了天衣无缝的衔接。

孔子的三问三答和人生六阶段皆是来自孔子对《周易·乾卦》

的洞悉。乾卦分六爻，代表人生的六个阶段也是指万事万物变化的六个过程："潜龙勿用"当须"吾十有五而志于学"，"学而时习之"，"见龙在田"当须"有朋自远方来"，"三十而立"；"惕龙乾乾"当须"知位知人"，"四十而不惑"；"跃龙或渊"当须"知命知礼"，"五十而知天命"；"飞龙在天"当须"知言知人"，"六十而耳顺"；"亢龙有悔"当须"七十而从心所欲，不逾矩"。

人生安于自己的位置是智慧。有这样的一个小故事：一位怀才不遇者去寺院拜访一位高僧，高僧合掌问道："施主，你为什么愁眉苦脸？"

"我已快四十岁了。"怀才不遇者说，"可我至今找不到自己的位置。"高僧问："你要找什么样的位置？"怀才不遇者想了想，说："适合我的位置。"

高僧弯腰拾起一片梅花的花瓣，拈花微笑，说："你的位置就在你的脚下。"

怀才不遇者一愣：自己正端然肃立在高僧的对面，头顶是一树怒放的梅花，脚底是落满梅花的土地，夕阳西下，暗香幽幽，这不正是目前所处的位置吗？

对于位置，你可以奋斗，可以追求，但不可以只盯着某一个目标，安于自己的位置，才会使自己真正安心。

正如曾国藩说的"尽人事以听天，吾唯日日谨慎而已"的那样，凡事谨慎尽人事，成功听天命。信仰是人的超越性本质，任何人都离不开信仰。人人皆有信仰，中国人不可能没有信仰。所谓的"中国人没有信仰"，指的是中国人的信仰方式，没能走上主流的宗教形式而已。中国有原始宗教，是信仰天命的。《尚书》曰：

"帝，天也。"中国的远古先民认定，在人类的主体世界之外，还有一个"超自然存在"，那就是"主宰之天"，其人格化名字，叫作"帝"，又称"天帝"，还可唤"上帝"，也就是那个"昊天上帝"。中国先民信仰"天帝"，认为天帝主宰一切，人也受命于天。若是碰到困难，可求助于天。"惟上帝不常，作善，降之百祥；作不善，降之百殃。"任何人都必须对昊天上帝保持敬畏之心，"予畏上帝，不敢不正"。

虽然说中国人的天命信仰没能形成宗教，却变成了中国人的潜意识，变成为潜隐的人格基因，一脉传承下来；每当遇到关键时刻，还能起到一点维系道德、支撑底线的作用。我们常说的"我的天呐"，承载了太多的不公与不满；"老天爷，你怎么不长眼睛啊"，更是承载了中国人对于上天的期待，依然是发自肺腑。

中国人对于"听天命"这样的忠告又是不愿意接受的。一则是对死亡的态度。中国人只要是有条件，一定会不惜一切代价地抢救和延长生命；而西方人则是回到家里，用点镇痛剂，平静地走完最后一段人生旅程；二则是对失败的态度。中国人对失败比较在乎，譬如高考失败，婚姻失败；而西方人却认为，只要自己努力了，什么结果都能接受；三则是对成功的态度。中国人一旦成功，就觉得是自己了不起，或者领导照顾，把成功看成是人的因素；而西方人在成功后，大多会感谢上帝，或者感谢命运，认为是命运的垂青才使自己成功。

我们为什么要听天命呢？我们该不该听从天命的指引呢？我们要知道，世界上稍微难点儿的事情，都非常复杂，往往会超出了我们的有限认知，更超出了我们的实际控制能力。我们所付出的努力，往往只能解决一些自己维度上的问题，还有很多维度的因素，往往并不是我们所能控制的。只有我们能接受圣贤的忠告，接受天命的存在，尽自己实际的能力，不然的话，我们就难以正确地审视时间，审视空间，审视自己，审视观念。一个人取得成功，绝大多数时候还是运气的作用。正如古人所说，小事，谋事在人，成事在天；大事，谋事在天，成事在人。把偶然的成功归结为自己的努力，把失败归咎于别人，对人对事缺少敬畏之心，这就是很多中国人的普遍心态。

当我们承认天命的存在，天命的作用，我们才会向天地学习：自强不息，厚德载物。很多时候，我们的能力，我们的主动性都是有限的：给了我们舒适的环境，我们一定会懒惰；给了我们一个优越的环境，我们也一定会必然自大，最后一步步走向失败。知道自己的不擅长，也知道自己的擅长，这样就不会受利益和诱惑的驱使，像老子说的那样："知不知，上矣。不知知，病矣。圣人不病，以其病病。夫惟病病，是以不病。"懂得背后的逻辑，那才是智慧的表现。

德国哲学家康德曾经说过："有两种东西，我对它们的思考越是深沉和持久，它们在我心中唤起的惊奇和敬畏就越日新月异，不断增长，这就是我头上的星空和心中的道德定律。"星空，是我们不能支配的客观力量，而道德定律，则是我们能支配的。很多时候，努力未必能有回报，但是，不努力一定会后悔；最后问心无愧，是我们唯一稳得的报酬。凡事都要尽人事，更要听天命。

忠、孝、情：中国人的处世窄门

> 道心惟微，人心惟危；惟精惟一，允执厥中。——《尚书》

> 天下有大戒二：其一命也，其一义也。子之爱亲，命也，不可解于心；臣之事君，义也，无适而非君也，无所逃于天地之间。是之谓大戒。——庄子《人间世》

"家国情怀"是中国人骨子里的东西，也是中国人的底层文化逻辑。家是一个人的人生开始的地方，国是一个的人生理想展开的地方。每个中国人对家和国都寄托了一种感情，一种希望。

无论是《大学》的"修身、齐家、治国、平天下"的人文理想，还是范仲淹的"先天下之忧而忧，后天下之乐而乐"的责任担当；无论是陆游的"家祭无忘告乃翁"的执着忠诚，还是孟子的"天下之本在国，国之本在家，家之本在身"类比推理，家国情怀这个符号都深深融入了中华民族的血液之中了。

作为中国传统文化精神特质的孝与忠，又是与家国情怀相对应的，"在家尽孝，出门尽忠"成了中国人最基本的道德准则。

孝，这个字最早见于商代，其字的形状像一个孩子搀扶老人，本义为尽心尽力地奉养父母，引申为晚辈在尊长去世后要在一定时期内遵守的礼俗，又引申指孝服。孔子很重视孝道，《论语》中"孝"出现了十八次，集中在《为政篇》《学而篇》。在孔子和孔门弟子眼中，"孝"却是非常重要之"本"。在《论语·为政》有子游问孝、子夏问孝、孟懿子问孝、孟武伯问孝，孔子都耐心地做了解答。

子游问孝。子曰："今之孝者，是谓能养，至于犬马，皆能有养，不敬，何以别乎？"在孔子看来，对父母尊敬和赡养是孝道的第一个层次。

这里说的是，不仅要从物质和身体上去满足父母的需求，给父母买日常生活所需的物品，父母生病的时候好好照顾，还要尊重父母，满足父母精神层次的需求，让父母老有所乐，老有所依。

孟懿子问孝。子曰："无违。"樊迟御，子告之曰："孟孙问孝于我，我对曰'无违'。"樊迟曰："何谓也？"子曰："生，事之以礼；死，葬之以礼，祭之以礼。""无违"是孝道的第二个层次。

对待父母要遵循道德伦理，孔子曾对曾参说："小杖则受，大杖则走。"虽然孔子主张不违逆父母，却以此告知弟子应顾及周全，不要一味顺承。

子夏问孝。子曰："色难。有事，弟子服其劳；有酒食，先生馔。曾是以为孝乎？"对父母和颜悦色是孝道的第三个层次。

孝顺父母要做到和颜悦色，真的很难。父母老了，像个小孩子，经常耍脾气，经常破坏东西，甚至吃饭拉屎都不能自理。这种情况下，做儿女的对待父母还能做到和颜悦色，这个是最难的。因为难，你做到了，这就很可贵！为人子尽孝道，不仅是一种文化传统，也是一个人修身养性，参悟人生的过程。

孟武伯问孝，子曰："父母唯其疾之忧。"在孔子看来，父母每天都在为你的身体担忧。《孝经》有云："身体发肤，受之父母，不敢损伤，孝之始也。"每个孩子，都是父母的心头肉，最基本的孝顺，就是用心照顾好自己，保证自己身体健康，生活顺遂。《礼记·祭义》中也说："孝子之有深爱者，孝子之有深爱者必有和气，有和气者必有愉色，有愉色者必有婉容。"说的也是这个道理。

中国文化典籍《尔雅》说："善事父母为孝"，汉代贾谊《新书》也说"子爱利亲谓之孝"，东汉许慎在《说文解字》这样说道："善事父母者，从老省、从子，子承老也。"

忠，这个字最早见于战国，本义为尽心竭力，引申为忠厚。中国文化向来有"声中有义""因声求义"的传统。"忠"字可以理解为"中心不二"，"心"意即"中"，心无旁骛。与"忠"有关的成语有很多，譬如：忠心耿耿、忠肝义胆、忠贞不渝、忠心贯日、精忠报国、忠不避危、忠言逆耳、忠孝两全等。

"忠"是孔子观念里一个重要的元素。在孔子看来，忠，首先应是对自己负责。我们每个人都有仁，它是天生之德。"忠"在今天的语境中，一般要有个对象存在，譬如说，"忠于人民"。从字面上理解，忠，上中下心，就是正心；它并不从外部的关系中寻找，而执着于内在的心灵。我们只需要把日常生活所思所行审查一番，看它和我们所获得的中正之体是否合一？合一即为忠。

我们该用什么办法呢？孔夫子说，只有一种方法——省，就是反思。忠，实际上是个体的反思，并不涉及我和外在对象的关系，只是涉及我和我自己的关系，不涉及任何利害关系。人正是在这样一种自我反省中，真实的自我才得以呈现。所以，孟子后来说"反身而诚，乐莫大焉"，这种愉悦就是道的愉悦。

除了忠于自己的内心，忠与孝也有很大关系。古人常说，"忠孝两全"是一个人为人处世的最佳状态。"忠"是一种态度，一种责任。曾子曰："吾日三省吾身：为人谋而不忠乎？与朋友交而不信乎？传不习乎？"中国人的"忠"从敬天而来，融入各种人伦与生活中。东汉马融曾著有《忠经》，提纲挈领地将"忠"在君臣天地之间的内涵，言简意赅地说得很清楚。

中国人自古讲究天人合一，从天地变化的现象中去体悟生命的奥妙。马融认为国家的根本在于"忠"，因为"忠能固君臣，安社稷，感天地，动神明，而况于人乎"，对于安家定国起到了根本的作用。

帝舜禅位给大禹的时候留给了他十六字的圣人心法："道心惟微，人心惟危；惟精惟一，允执厥中。"帝舜要大禹谨记人心是很危险的，只要没有忠于天地神明的规律道理，就非常危险。因为容易受到名、利、权、势、声、色、爱、恨、情仇、妒忌的影响，人心一旦不守中，祸患自然而来。所以，要时刻以天下人民之所需而所想，尽忠于天地神明才能守住德行。这个"道心"就是"中心"，"中心"即为"忠"，非常微妙。"忠"的无私行于外与道心蕴于内，是一个人一生必备的操守，家庭幸福的关键，国家安定的根本，更是生命得以提高的途径；明白此理，自当敬忠亦尽忠了。

中国传统孝道文化是一个复合概念，内容丰富，既有文化理念，又有制度礼仪：敬亲、奉养、侍疾、立身、谏诤、善终都是孝道的表现。忠孝之道在庄子这里也有其精准的表达：

"天下有大戒二：其一命也，其一义也。子之爱亲，命也，不可解于心；臣之事君，义也，无适而非君也，无所逃于天地之间。是之谓大戒。是以夫事其亲者，不择地而安之，孝之至也；夫事其君者，不择事而安之，忠之盛也；自事其心者，哀乐不易施乎前，知其不可奈何而安之若命，德之至也。为人臣子者，固有所不得已。行事之情而忘其身，何暇至于悦生而恶死！夫子其行可矣！"

这里是庄子借孔子之口给出的世间法门，也是世间无法逃避的两大难关。因为我们有"生也有涯"的天命，有"知也无涯"的道义，前者解不开，后者逃不掉。所谓的"大戒"，就是人生不得已承受的无法逾越的沟沟坎坎，一是人生的"命"，一是天下的"义"。我们的"命"来自父母，"义"来自君上。所以，既然我们的"命"来自父母，那就应该尽孝；因为"义"来自君上，那就尽忠。人之事亲为"命"，即为"孝"，孝敬父母不是德性而是命定，不必修养，任命就可以了。

人之事君为"义"，即为忠，这是天地之间无法逃避的。奉养双亲，是不管境遇顺逆的，这便是尽孝的一种极致表现。当我们事君的时候，不论使命的难易，都要尽君臣之义，这便是尽忠的一种极致表现。所以说，事亲和事君从今天来看，既是国家认同也是文化认同，都是我们无可逃避的人间道义。对待父母不能择地而安，对待领导不能择事而安。这种不择地不择事就是我们说的孝与忠，做到无可奈何就能安之若命，这便是人间的处世窄门。

人生、财富、幸福：心随物转，物随心转

夏虫不可语于冰，井蛙不可语于海。朝菌不知晦朔，蟪蛄不知春秋。——庄子《逍遥游》

夫水之性清，土者抇之，故不得清。人之性寿，物者抇之，故不得寿。物也者，所以养性也，非所以性养也。今世之人，惑者多以性养物，则不知轻重也。——《吕氏春秋》

《大学》有云："格物、致知、诚意、正心、修身、齐家、治国、平天下。"这是《大学》的八个入德进阶之门，也叫作八条目。其中的前四目讲了两个问题，就是物与心的关系问题，也是我们常说的财富和幸福的关系问题。

物和心的问题，一个是心随物转，一个是物随心转，二者都需要境界。心随物转是牛顿时代的心物关系，物随心转是量子时代的心物关系。这样，我们的人生就会产生三层境界：第一，物质生活层面是为了安身，需要的是以物观物；第二，精神生活层面是为了安心，需要的是以物观人；第三，灵魂生活层面是为了安神，那就需要以物观天地了。

心随物转关注的是财富，物随心转关注的是幸福。财富和幸

福恰恰是我们的人生最核心的两大追求。财富来自我们的"认知力",我们永远赚不到我们认知范围(世界观)之外的钱;爱来自"感应力",你永远得不到你感应范围(价值观)之外的爱。

有这样一个小故事就是讲认知力的。

从前,有一个富翁病危,而他的独生子远在异乡。富翁怕仆人拿了自己的财产逃跑,便立下了一份遗嘱:我的儿子只能从财产中先选择一项,其余的都送给我的仆人。

富翁死后,仆人欢欢喜喜地拿着遗嘱去寻找主人的儿子,准备合法地继承富翁的大部分遗产。富翁的儿子看完了遗嘱,想了一想,就对仆人说:"我决定选择一样,就是你。"

这个聪明儿子立刻得到了父亲的所有遗产。

财富来自认知力这样的观点是很有道理的,值得我们深思。

关于物和心的关系问题,《吕氏春秋·本生》也有这样的观点:"夫水之性清,土者抇之,故不得清。人之性寿,物者抇之,故不得寿。物也者,所以养性也,非所以性养也。今世之人,惑者多以性养物,则不知轻重也。"意思是说,水的本性是清澈的,土在其中把它搅浑了,因此就不清澈了;人的本性是长寿的,物在其中把它扰乱了,因此就不长寿了。外物是用来保养性命的,而不是用性命来为它服务的。当今的一些被物欲所迷惑的人,多以性命去追逐外物,那就是不懂得谁本谁末,谁轻谁重了。

谈到本末终始,《大学》有讲:"物有本末,事有终始,知所先后,则近道矣。"这里讲的就是我们的思维和分析能力。意思是说,面对任何一个事物,我们首先要去思考它的"本"在哪里?"末"在哪里?也就是去清晰地认识它的结构是什么?结构里边的不同部分之间的"轻重本末"的关系又是什么？然后，我们才能认知到万事万物的"终始"。

任何事物都是动态的，都是发展的，在不同的阶段会有不同的表现，前后不同的阶段之间会有不同的逻辑关系。哪里是始？哪里是终？始从哪里来？终到哪里去？

只要掌握了认识事物的"本末"和"终始"的思维方法，我们分析问题、认识问题的时候，就会有一个比较系统和深入的思维框架，我们的思维力和认知力也会得到进一步的提升。

何谓认知力？洞察真相、挖掘本质的能力就是认知力。

何谓感应力？融入、体验、与他人共情的能力就是感应力。

没有认知力的人就会缺少"财富"，没有感应力的人就会缺少"幸福"。财富和幸福是一种平衡关系，一阴一阳，相辅相成，缺一不可；否则就会出现偏颇，或自负，或自卑，或敏感，或极端。财富是美丽的，但生命更美好。

我们每个人都活在自己的世界观里，我们常说的认知指的就是我们的世界观。世界观是个西方哲学概念，在中国文化里面指的就是天地人三才之道。上下四方曰宇，往来古今曰宙；往来古今曰世，上下四方曰界。世是时间概念，界是空间概念，观是观念、理念和信念概念。我们每个人之间的最大的差别就是世界观的差别，由于世界观的差别也有了价值观和人生观的差别，这就是我们常说的"三观不同不相为谋"。所以才有"三观是世界上最近的距离，三观也是最远的距离"的说法。

这里的"三观"就是每个人的"道"。时间、空间、观念是构成世界观的三个维度或者说三个层面。庄子说："吾生也有涯，吾知也无涯，以有涯随无涯，殆矣。"庄子是想告诉我们，我们每个人都会受到世界观或者认知的局限。

庄子《逍遥游》说："夏虫不可语于冰，井蛙不可语于海。朝菌不知晦朔，蟪蛄不知春秋。"我们常用"井底之蛙"这个成语是形容一个人的见识不高。"井蛙不可以语于海者，拘于虚也；夏虫不可以语于冰者，笃于时也。"这里庄子说的，就是我们每个人都有自己的时间和空间局限性。能超越时间、超越空间就是一种境界。"井底之蛙""夏虫""朝菌""蟪蛄"，这些都是用来比喻见识短浅、盲目自大、认知片面、眼界狭小的人。

庄子的"瞽者不可与文章之观，聋者不可与钟鼓之音"，说的就是一个人的观念、理念和信念之别。时间、空间、观念的合一即是我们常说的世界观了。人们经常分不清观念、理念、信念的区别。

现象是多变的，感受是不同的。立基于观念而行动者，往往内心缺少确定性，难以形成共识，机会主义者泛滥；现象背后的规律相对固定，理性往往比感性可靠；立基于理念而行动者，有相对的确定性但因理论乃有深刻的偏见，又会因条件的变化而自圆其说；立基于终极信仰的信念者，往往能形成共识，具有坚定不移前行的意志。

世界观是一个人的底层操作系统，只有我们不断地"苟日新、日日新、又日新"，我们才能把握天地交合、阴阳际会、因缘和合的小概率机会。天时（时间）、地利（空间）、人和（观念），这既是西方文化的核心智慧，也是东方文明的核心智慧。

西方哲学称之为世界观，中国哲学称之为天地观。谋事在人，成事在天，那是小事；谋事在天，成事在人，才是大事。所以古人说，成就大事都归结为天命。正所谓，天命可遇不可求，时来天地皆同力，运去英雄不自由。

传道、授业、解惑：读懂教育的本质

经典回望

古之学者必有师。师者，所以传道授业解惑也。人非生而知之者，孰能无惑？惑而不从师，其为惑也，终不解矣。生乎吾前，其闻道也固先乎吾，吾从而师之；生乎吾后，其闻道也亦先乎吾，吾从而师之。吾师道也，夫庸知其年之先后生于吾乎？是故无贵无贱，无长无少，道之所存，师之所存也。——韩愈《师说》

孔子曰：三人行，则必有我师。是故弟子不必不如师，师不必贤于弟子，闻道有先后，术业有专攻，如是而已。

——韩愈《师说》

那是最昌明的时世，那是最衰微的时世；那是睿智开化的岁月，那是混沌蒙昧的岁月；那是信仰笃诚的年代，那是疑云重重的年代；那是阳光灿烂的季节，那是长夜晦暗的季节；那是欣欣向荣的春天，那是死气沉沉的冬天；我们眼前无所不有，我们眼前一无所有……

这是狄更斯《双城记》开篇的那段经典。这句话可以说是一句真理，也可以说一句废话，因为这句话放在任何时代都有道理。这句话的背后就是我们的世界观，是我们看待世界的底层思维和底层逻辑。

　　循着这句话我们来看我们的教育，又是一个什么情境呢？教育的本质又是什么呢？未来的教育应该如何走呢？怎么才能走出当下的困境呢？

　　传道、授业、解惑，这是唐朝文学家韩愈《师说》中的话："古之学者必有师。师者，所以传道、授业、解惑也。人非生而知之者，孰能无惑？惑而不从师，其为惑也，终不解矣。"对于这样一句话，很多人都认为，作为现代知识传授型的教师观在信息化时代已经过时了，束缚了教师的专业化，是教师专业发展的枷锁，这是大错特错的观点。如果我们理解了古人的心思，我们就不会有这样的观点了。传道，关乎生命；授业，关乎事业；解惑，关乎人生。人生境界不就是做人、做事、悟道这三个境界吗？

　　传道，不是讲授书上内容，告知学生方法，而是告诉学生这些内容和方法背后的终极法则。关于传道，孔子这样说："三人行，则必有我师。是故弟子不必不如师，师不必贤于弟子。闻道有先后，术业有专攻，如是而已。"

　　我们该如何理解"传道、授业、解惑"呢？

　　"道"，指的是自然界中的一切规律。这里的"传道"，不仅是指客观存在的道理、规律，还包括一切为人处世的方法。"传道"是指老师需要向学生传授自然界中的一切规律。"业"可以理解为事业，即我们求生存的技术与能力。"授业"是指教师向学生传授"七十二行"所需要的专业技能知识。"解惑"是指老师给学生解释人生历程中的困惑。其实就是教师有责任去关注学生的生命、生活和生存三个层次的问题，此才是"传道、授业、解惑"之正解。

　　对于今天的教师来说，古人说的"传道、授业、解惑"倒是可以派上用场了。"传道"是传给学生一条道路，指明一个方向；"授业"是教给在这条道路上行走的方法与技巧；"解惑"是当学生在行走的实践过程中，遇到了大雾迷茫，遇到了河流隔断、天堑相横的时候，给予点拨、提醒和帮助。

这三个境界就是我们常说道、法、术三个层面的问题。中国文化中有三个传统：师道、书道、家道。古代的传道，传的是修身治世之道；授业，授的是学术传统六艺之业，解惑，解的是学问与成长之惑。

古代教育有三个层次：传道、授业、解惑，其背后说了三个问题：天道、地道和人道，同时也印证了"天命之谓性，率性之谓道，修道之谓教"的底层法则，更是说清楚了我们做人、做事、悟道的三重境界。如今到了今天，"传道"和"解惑"都省了，只剩下"授业"了，带来的后果就是"无道和困惑"，故社会上的焦虑和戾气也就越来越多，这里更证明了有些根源性的东西是万万不能缺的。中国三才文化的思想根底更是不能缺失：传天地之道，授治国平天下之业，解修身齐家之惑。

人活一世无非两件事：做人和做事；教育两件事：做人和为学。我们该如何做人？我们该如何做事？我们该如何为学？做人、为学、做事就是一个不断关注生命成长的过程。教育的本质就是培养人对生命成长的态度；有了这个态度，我们的生命才会迎来长度、宽度、高度、温度的四合一。

我们知道，人类的知识有两种：一是人类在长期的生存和发展之中积累起来的，我们把它称之为"科学"；一种是人类的信仰，人类的文明，人类的精神理念。它的存在，取决于你对待生命的态度，它和逻辑论证没有关系，它是超验的，是不能复制、不能推导的。现行的学校教育体系中，第一类知识备受重视，第二类知识不受重视甚至缺乏。

教育该如何面对生命的本质呢？这也是未来教育中的一个重要话题，也就是说一个人对生命的态度，应该纳入整个教育的范畴中来。我们的教育要让孩子明白，你对生命有一种什么态度，你的生命就会以什么样的方式存在，你的生命就有什么样的意义。这是教育根源的东西，我们的教育不能把它弄丢了；这样不仅影响我们的孩子们，也会影响我们的子孙们，更会影响我们的未来，孩子们的未来。

互联网上有个段子很精彩：你看人这一辈子，上幼儿园后把天真弄丢了，上小学后把童年弄丢了，上初中后把快乐弄丢了，上高中后把思想弄丢了，上大学后把追求弄丢了，毕业后把专业弄丢了，工作后把锋芒弄丢了，恋爱后把理智弄丢了，按揭后把下半生弄丢了，结婚后把激情弄丢了。就是这样，丢着丢着，人就被困住了。这些被我们弄丢的天真、童年、快乐、思想、追求、专业、锋芒、理智、激情，恰恰是我们生命重要的组成部分，更是人之为人的必需。

西方哲学家康德曾说，有两样东西使他充满感动，"一个是头上的星空，一个是心中的道德律"。这里的"头上的星空"和"心中的道德律"就是我们作为师者应该所传之道、所授之业、所解之惑。头上的星空——自然、科学、宇宙是第一种知识；心中的道德律——信仰、文明、精神是第二种知识。我们的生命需要赖以生存的自然生态基座，也需要这个基座之上的政治和社会制度，更需要在政治和社会制度之上的精神和文化。

如果说教育的本质是面对生命的态度，那么，教育孩子必须有一个正确地对待生命的态度，和有一个正确的生命存在形式，塑造他对于生命意义的认识。这不仅仅是我们每个教师的职责，更是我们作为父母的重要责任。从生物进化的角度来讲：物竞天择，适者生存，人生来就有向前、向好的生物本能。如果他知道自己要做个什么样的人，那么方法、路径就会有很多。他自己会找到的，他会去找匹配的教育资源，他会去学习。所以，想明白怎么做个人，做个什么人，这一点很重要。这些道理都是和"传道、授业、解惑"相契合的。

互联网的出现使得知识变得非常廉价，对整个教育又带来一个严峻的挑战。过去教师很重要，那是因为教师在某种专业层面上垄断着知识，如果不去接触教师就得不到知识；但是今天通过互联网可以搜到你所需要的任何知识和任何东西，说虚拟世界已经迈入共产主义绝对不是妄言。这个时候，作为教师来说，职责也要随着发生变化，教师的重要职责应该转向第二知识的启蒙和教育了。

随着互联网的日新月异，科学往前走，第一种知识的传播开始变得不那么重要，甚至开始贬值；哲学往后走，第二种知识的传播却更凸显价值。第二种知识的传播需要人格的修养，需要家长和教师本身的道德情操。所以，家长和教师首先必须塑造自己的人格，才能去影响孩子和学生。这显然成了今天对教育最重要的问题和最大的挑战。

虽然我们做不到像历史上，那些推动历史前进的人那样伟大，但我们可以从"传道、授业、解惑"的精神中，汲取爱和信仰的智慧与力量。在这个光明与黑暗并列、正义和邪恶共存的世界，我们仍应该选择光明和正义，这是人之为人的底层伦理决定的。

这也正是教育的本质所在吧。

三才、三理、三情：中国传统文化的经典法门

经典回望

昔者圣人之作易也，将以顺性命之理。是以立天之道，曰阴与阳；立地之道，曰柔与刚；立人之道，曰仁与义。兼三才而两之，故易六画而成卦。分阴分阳，迭用柔刚，故易六位而成章。——《周易·说卦传》

吾日三省吾身：为人谋而不忠乎？与朋友交而不信乎？传不习乎？——《论语》

中国传统文化有三理三情之说，古往今来，所有的经典都和这三理三情有关，人世间也都离不开这三理三情。何谓三理三情？天理、伦理、情理，三理也；激情、悲情、柔情，三情也。三理三情都来自一个字：真，有了这个真，才有所谓的天理、伦理、情理和激情、悲情、柔情，否则皆为有悖真理，有违真情。

所谓天理，即为天之理；所谓伦理，即为地之理；情理，即为人之理。《周易·说卦传》有云："昔者圣人之作易也，将以顺性命之理。是以立天之道，曰阴与阳；立地之道，曰柔与刚；立人之道，曰仁与义。兼三才而两之，故易六画而成卦。分阴分阳，迭用柔刚，故易六位而成章。"这里就把天道、地道和人道讲清楚了。天道要遵循阴阳变化之理，地道要遵循刚柔相济之理，人道

要遵循仁义之理。这背后的本质就是中国传统文化的天地人三才之道。

所谓激情，即为天之情，"天行健，君子以自强不息"；所谓悲情，皆为地之情，"地势坤，君子以厚德载物"；所谓柔情，即为人之情，"地山谦，亨，君子有终"。

常言道，没有慈悲的智慧是无情的，没有智慧的慈悲是愚蠢的。中国传统文化是儒释道合一的文化，缺少一家的传统文化都是不完整的。儒家文化智慧在身，在止于至善，在进取，在治世；佛家文化智慧在心，在亲民，在奉献，在治心；道家文化智慧在德，在明明德，在规律，在治身。儒家文化追求拿得起，有激情，重德性，养正气，讲规则；佛家文化追求放得下，存悲情，重空性，化怨气，讲智慧；道家文化追求想得开，存柔情，重空灵，存大气，讲技巧。所以说，儒释道文化关注的是事情、心情和物情，三情合一。

理与情是一个文化最根本的基础；既是最浅显的，又是最高明的；既是最容易的，又是最困难的。一个是语言，一个是文化，分别凸显了那种两极间的张力。《老子》开篇说的"道可道，非常道；名可名，非常名"，说的就是这个道理。

情与理，是把人之精神乃至天地精神概括的两大范畴。既有极浅层微小的理，又有古圣贤那样通天彻地高度的理。所有认知上的高见和智慧都归于一个"理"字。

情，也是如此。无论你在"理"上有多高的认知和智慧，也不能代替你在"情"上的真实体验，这就是我们常说的证得。就如对诗、画、乐之美的感受，仅靠理论是实现不了的。进入情的范畴也需要向理的开掘和深入，只有不断地去涵养和积蓄，不断地去深厚纯正、清通无邪，才能达到情与理的合一，由"人之情"渐渐进入"道之理"。庄子所谓的"天地有大美而不言"之境，说的就是"情与理"的"天地与我并生，而万物与我为一"。

情者，灵气也。灵是性，便是性灵；气是量，便是气量，亦即境界。理者，靠"思"；情者，靠"感"。《周易》的"感而遂通"，庄子的"同于大通"，说的不过就是个通感之境。这和量子科学有相同之处。

以情观之，对儒释道宗旨不同而又殊途同归的最好概括，就是儒家的事情，佛家的心情，道家的物情。儒家的事情，事情者，事之情也。《论语》中孔子说的多是日常中的简单平凡之理，都是普遍性的应该的、不得已的人间之理。这些"门槛很低"的道理，都是内涵极深的真理，一点一滴都需要王阳明的"事上练，心上磨"，是马虎不得的。

所谓事情，由事生情，借事养情，讲究知行合一。人生在世，无非是做人做事两件事；尤其是做人这件事，自古以来都是古来圣贤苦苦追寻，谆谆教导的，大多的经典文献似乎说的都是这个道理。

关于孔子在《论语》中讲的做人道理，德国哲学家并没有给予哲学层面的高度评价。在黑格尔看来，《论语》中所记载的道理，其实不过是人最基本的道德，而这种道德可以概括为常识，乃是社会之中普遍存在的。黑格尔认为，既然孔子为哲学家，在他的著作以及观点中就应该有思辨的东西存在，反而更多的是作为圣人最基本的规范。

我们在阅读《论语》的时候，也会有黑格尔那样的印象。关于"性与天道"的谈论，孔子并不是没有谈论，而是谈论很少。"性相近，习相远"，"天何言哉，四时行焉，百物生焉，天何言哉"，一下子把天道和人道都说清楚了。说到底，不是孔子浅，而是我们浅，浅到"有眼不识泰山"，压根看不出孔子，高在哪里，深在何处。

所谓心情，赤子之情，赤子之性。禅宗有一句精彩的话说的就是心情："饥来吃饭困来眠，云在青天水在瓶。"这就是禅宗的禅，唯有悟者则知之。

所谓物情，物之情也。《庄子》中出现了很多物，小到蝼蚁，大到山海；低到屎尿，高到天地；草木花鸟鱼虫，开眼便是，无处不是。道，遍寻不见，内涵极深。物情，由物生情，借物养情，追求的以物养性，非性养物也。

宏观是理的道场，微观是情的道场。登高望远，思古幽情，看似小处，实则是无限之天地与无尽之历史凝于这一处，这一瞬。身边之物，眼前之物，细节无尽，重重之美，皆在我们的天理之中，伦理之中，情理之中。

中国传统文化无非体现在性、心、身和事、心、物的不同上，悟道得道者，各自如鱼得水、游刃有余，仅此而已。天理、伦理、情理，激情、悲情、柔情，说到底都是一个"理"字，说到底都是一个"情"字。

《论语》常常教导我们说，"吾日三省吾身：为人谋而不忠乎？与朋友交而不信乎？传不习乎？"为别人办事你尽力了吗？同朋友交往你够真诚吗？获得的知识你温故知新了吗？这些看似浅显而极深奥的道理，说的都是天地人的三才之"理"、三才之"情"。

追问、回答、知行：东西方文化的入世视角

天命之谓性，率性之谓道，修道之谓教。——《中庸》

大学之道，在明明德，在亲民，在止于至善。——《大学》

"天命之谓性，率性之谓道，修道之谓教。"这是《中庸》开篇讲的三句话，这里讲了人生的三件事，也回答了人类的三个终极追问。《中庸》的三纲领和《大学》的三纲领是遥相呼应的。"大学之道，在明明德，在亲民，在止于至善。"《中庸》和《大学》说的都是伟大的学问之道和成为大人之道。"天命之谓性，在明明德；率性之谓道，在亲民；修道之谓教，在止于至善"，相得益彰，环环相扣。

人性是怎么来的？我是谁？认识自我的过程，这是天命的问题。所谓"天命之谓性"，这里解释了人与兽的界限，性与欲的界限，主观与客观的界限；这里也就顺其自然地提出了"明明德"的天命使然，这也是西方文化中的贵族精神之一的"文化教养"。

人与自然的关系是怎样的？他是谁？我和他是什么关系？所谓"率性之谓道"，这是解释认识外物，认识世界的问题，这是解释生命的问题。这里也就顺其自然地提出了"亲民"的责任担当，

这也是西方文化中的贵族精神之一的"社会担当"。

　　人应该怎样度过自己的一生？如何拥有美好幸福的未来？所谓"修道之谓教"，修道就是一种教化，是在教育和教化中认识把握未来，获得人生的安全和幸福感，这是生命的问题。这里也就顺其自然地提出了"止于至善"的生命之道，这也是西方文化中的贵族精神之一的"自由灵魂"。

　　苏格拉底完美地追问出了人生的三个终极关怀，孔子完美地回答了三个人生的终极关怀。

　　世界上什么最容易？世界上什么最难？世界上什么最伟大？泰戈尔说，指责别人最容易，认识自己最难，爱最伟大。孔子在《论语》中的开篇三问和结尾三答完美地给了我们人生的六个答案："学而时习之，不亦说乎？有朋自远方来，不亦乐乎？人不知而不愠，不亦君子乎？不知命，无以为君子也；不知礼，无以立也；不知言，无以知人也。"

后记

寻找自己的天命

如今的时代，很多人都在谈做事情，如何做事情，如何挣快钱。我现在更关心的是，怎么才能做到心安理得地不做事情。我们自己如何看待我们做的事情，你是把它特别当回事儿还是不那么当回事儿呢？

如今回头来看，我算是干过多个岗位，也做过好多事情，应该在每个岗位上做的都算是有点小成绩。我先后做过小学老师、中学老师、大学老师，教过小学生、中学生、大学生、研究生，做过编辑，先后担任过编辑部主任、副总编辑、副社长、社长；现在算是一个闲散、自由但还不能真正做到心安理得的阅读者，思考者，平时做点咨询，策划点图书，替自己读书，也替别人读书。如今再回头看看，我的人生似乎只做了三件事：读书、教书和编书。

我是 20 世纪 60 年代末生人，从小我们被塑造的是个集体主义人格，我们自己在哪里？我是谁，这一点是搞不清楚的，似乎到了"知天命"的年龄，才算是慢慢地理解了"我是谁？我该是谁？我到哪里去？我该到哪里去？"

小时候，老师经常问我们，你长大后想干什么？记得那个时候大家都说想当科学家。如今几十年过去了，好像想当科学家的理想还是很正确的。你看现在，满世界都是想当科学家的人，大家都想攻克芯片，都想攀登科学高峰；满世界都是教授，都想撰写学术论文，完成科研工作；满世界都是艺术家明星，都想出名赚大钱；满世界都是互联网创业者，都想做老板发大财；世界的每一个角落人满为患，似乎都在为了某一个理想、某一个目标，唯独没想到我们该怎样做回自己。我是谁？这样的追问在我们那个时代是根本不可能的。转眼几十年过去，从农耕文明经过工业文明到互联网文明再到移动互联网文明人工智能时代了，这样的人生追问似乎也是很难的。这可能就是庄子说的"不知奈何而安之若命"的无奈吧！

我们的生命好像一颗"螺丝钉"，在一个巨大的机器上给拧上了，不断地转啊，转啊，最后生锈了，齿轮也磨损了，然后就掉了下来。我们常常把掉下来的那一天叫作"退休"。如今退休似乎也是一个很快乐的事情，终于可以自由了，自由了也就可以心安理得地不做事了。这和小时候形成的印象是不一样的。记得小时候的父辈们都不愿意退休，都很热爱自己的岗位，不但自己不愿意退休，还要把自己的孩子继续拧上这个巨大的机器，继续不停地转啊转；并且还记得那时候的人还特别喜欢加班，如今的时光已不是过去的时光了。

我们带着理想信念一直在往前走，一直往前走，就像唐僧取经一样，永不放弃。后来，从课堂上就慢慢知道了道路是曲折的，当然也知道前途也是光明的；再后来，发现曲折的道路是走不完的，光明的前途也是短时间看不见的。

何为人？人何为？人为何？这些问题你曾仔细想过吗？这些似乎是一个人之为人的终极问题和终极关怀，至今还没有形成一个共识性的答案。如果从本质来看，大致可以有三类答案：人是理性动物，人是社会性动物，人是文化性动物。其实就是说了人的理性、感性和伦理性三个维度的问题。

首先，人是理性动物。这是希腊三贤的标准答案。所谓希腊三贤，指的是苏格拉底、柏拉图、亚里士多德，苏格拉底是柏拉图的老师，柏拉图是亚里士多德的老师。他们三人在古希腊文学、艺术、哲学领域作出了非凡贡献，一直影响着世界范围内的文学艺术发展方向。他们作为世界文明轴心时代的先声，共同开启了西方文明一脉。

到了近代，培根和笛卡尔进行了具体化表达，牛顿与洛克则分别在自然科学与社会政治领域，即自然与人文领域落地开花；最后由康德奠定了融洽性的哲学根基。从此，西方科学技术文化犹如开挂了般地突飞猛进，创造了辉煌的物质文明。

其次，人是社会性动物。这一路乃是东方传统接续，尤其儒家的道德伦理，被当作意识形态主导中华文化两千多年。等到20

世纪马克思主义从西方传到东方这里，提出了人是社会关系的总和，算是有了一个完美的大集成。所以马克思主义在中国有了广阔的市场，因为两者着眼点都在人与人的关系之上。儒家文化强调和谐共生，马克思主义强调矛盾斗争。

再其次，人是文化性动物。这一路轮到德国的卡西尔，洋洋洒洒地出版了《人论》之书，提出了人是一种符号动物，应该算是一种完美的融合性跨越。

如果说人是一种符号性动物，那么伏羲创造八卦符号系统，才是人类文明的第一缕光，可得到一定程度的印证。如果说人是社会关系的总和，马克思主义的观点，应该算是再往上超越一步，人不仅是社会关系的总和，人还是自然关系之和，人也是人神关系之和，人更是身心灵关系之和。统而言之，人是关系的总和。

这样一个定义，可以把历史上的探索，一下子全部浓缩其间，人是社会关系之和，揭示了人与人的关系。这是儒家文化与马克思主义的强项；人是自然关系之和，这是西方文化的强项，作为自然界大家庭的一员，人与自然、与物质、与能量之间，展示了不仅限于本能的另一面。可惜如今人人皆陷入物欲而不能自拔。人是自身关系之和，人是身、心、灵三位一体的动物。

我们的身、心、灵该如何和谐安顿呢？我们该去哪里安顿呢？中国儒释道文化给我们指明了这个方向：学儒家做个君子，学佛家做个觉者，学道家做个真人，这就是我们的安顿方略，也是我们的精神家园。只有解决了人与自我这个生命觉悟的大课题，我们才能恰当地处理好生存、生活和生命过程中的各种关系。如此我们才能拥有一个健全的人格，如此我们才能在人生的各个维度，安顿好我们的生命。

知道了自己该到哪里了，我们才能在这个社会中学会自处。你得看清楚自己，你得成为你自己，这的确很难！不然的话，我们无法在环境中，在社会中，在江湖上安顿我们自己。

大学毕业后，留校做了老师，再后来又从大学去了出版社做了编辑。那时候的理由很单纯，就因为特别喜欢读书。那大概是20世纪90年代的事情了。那个时候不是很自信，甚至某些方面还有些自卑。这种不自信，受时代的影响很大。我们读大学的时候，"为中华而崛起而读书"常是我们心中念念不忘的口号。为什么要崛起？为什么要读书？为什么要振兴？那个时候很少去细想。你可以观察一下生活中的自己或者别人，我们的自信往往都是为了向别人证明，因为我们自己曾经是很自卑的。过度的自信就是证明你太自卑。因为我们不太行，因为我们穷，我要拼命地挣钱，一摞钱拿回家给父母、给家人、给老婆：你看看，怎么样？咱挣的，我还行吧？

明白这些之后就会用各种方式，利用各种机会去写文章。我记得我的第一篇铅字文章，是1992年写的《邓小平文艺思想初探》。当时参加上海市大学生的论文比赛获得了三等奖，并编辑出了一个小册子，还拿到了200元稿费。第一次变成铅字的那篇文章，我翻看了无数遍。为什么？这是我的第一篇文章啊，了不得啊。现在想想，真不好意思，但是当年真是当回事儿。为什么？因为自己不行。

我的文章在正式刊物上发表了，我看到我的文章，不管怎么说，咱好歹也是学理论的，总得写点东西吧！这个时候做的一切事情是什么？你是谁，用的就是证实的方法，通过我做的事情被他人认可，我才相信。这时你就会发现你是个有依赖性的人，你在依赖别人的认可来确认我是存在的，我的存在感来自别人的承认。这个时候就想做很多事情，不管挣钱也好，或者是出名也好。这也有了后来所谓的事业了：不断地读书，不断地写文章，不断地编书，不断地寻找社会存在感。

问题来了，你活着，你作为一个独立的生命，这是独一无二的，凭什么要通过别人的承认，你才证明你确实活着呢？这个问题，实际上到了四十多岁时候，开始有了一个很大的焦虑，也开始考虑这个问题了。这一点比孔子说的"四十而不惑""人不知而不愠，不亦君子乎"还晚了几年。后来慢慢发现，你总得经历过那些事情，这也是我们常说的"拿得起，放得下"吧。

人生在世，好多东西都需要一个过程。慢慢地我们就会发现，当你有了那个东西的时候你突然发现没什么，当你没有的时候你就特别渴望拥有。"天街小雨润如酥，草色遥看近却无"，置身太近，有时反而感觉不到实际存在的东西；把握某一事物，有时需要跳出这个事物。人对事物的看法，你对美的感受，同距离的远近是有关系的。生活中的许多事物和现象，都是这样。那个时候你就会渐渐发现这个道理，同时也慢慢明白这个道理。

一个人能自由阅读、自由思考对生命的影响太大了。我们一旦被哲学打扰了，我们就会再也离不开它了，就像空气一样，看不见，摸不着，但是离开它就会很难受。因为哲学与每一个人每时每刻的经验和判断，与你做的每一件事情都是有关系的。这样一来，就开始思考我们做的每一件事是否在为我们的生命增值。

我们常讲，文化要有生态，何谓文化生态？草也长，树也长，花也开，春有百花夏有月，秋有凉风冬有雪，这就是生态。我们每个人，无论在体制内还是体制外，你就是要把你的内心关注在做的这件事情上，怎么做好它，解决这个具体问题上就可以了。最终东西拿出去别人说好，不重要，你是在为自己做事情，这样你的生命也就增值了。

我特别相信，古人为什么修身、齐家、治国、平天下，把修身放在第一位。你有别人所具有的一切弱点，人性的缺陷，是我们每个人身上都存在的。修炼自己，修身、修心、修为，该怎么修啊？向圣贤学习啊。他们都是鲜活的生命，他们的语言也是鲜活的，最好的路径就是读书。所以我们常说：一命、二运、三风水、四积德、五读书，至诚至信，好好看书；至善至美，做个君子。别的没什么，唯有读书，因为我们生活中有很多事情都是太浪费时间，太耽误时间了。

如今到了孔子说的"知天命，尽人事"的年龄了。庄子说得好："吾生也有涯，我知也无涯；以有涯随无涯，殆矣。"我记得年轻的时候常挂在嘴边的话：把有限的生命，投入到无限的为人民服务中去。天命之年我们应该向庄子学习，把有限的生命，投入到做好自己喜欢的事情中去。

我们过去的教育给我们带来很大的误解，包括对于我们自己的认知有些是错误的。随着时间的推移，慢慢地开始明白了，我们只是一个平常人、日常人，做我们自己喜欢的事情，回到我们自己的内心里去。有句话说得很到位：通过别人证明的方式，落到实处；通过我自己的方式，落到虚处。这也是中国智慧，虚实有道。

当年北京大学校长蔡元培先生积极提倡美育，以美育代宗教，仔细想想，这个理念确实重要。人文艺术是唯一让我们活在这个世上，可以让自己内心柔软的东西，真的很美妙。别的东西都是功能性的，是可以比较的，是可以竞争的。人是处在软硬之间的物种，如今的人类特别喜欢给自己很多暗示的东西，总是用外边的东西，外面的那些所谓权威话语，把自己的内心引诱出去，然后不断地流浪在路上。

生活中有太多自以为了不起的人，老觉得自己是一个伟大的人，总以为自己是一个企业家，总以为自己是一个成功人士。我是谁？我们其实不需要用这些东西来证明自己，还是落到虚处比较好，回到自己的内心，正如佛家文化的"悟空"，只有这样我们才有内心的"海阔天空"。

中国哲学不是让我们成为一个什么样的人，而是让我们成为一个人。成己成人，达己达人，这是孔子的"一贯之道"。这就是儒家的"大学之道"。你是干什么的？你是男的，你是女的，这重要吗？这不重要。重要的是你要不断地"明明德，亲民，止于至善"，不断地把自己锻造为一个谦谦君子，这才是最重要的。我们一个人自身的完满性，自身的具足性，这个才能够让一个人真正的强大。什么得失啊，什么功名啊，我们做的所有事情，不过做做而已，都是为了我们的生命。

活回你自己本来的样子，不是为了证明给别人看的，让自己内心丰富起来，生动起来，有意思起来，好玩起来，丰盈起来；不要看别人的脸色，也没有必要去看，既不养眼，又不养生；既看不清，又不合算。

最近读到经济学家张维迎的人生观，很喜欢。他说："我追求'四无'，自称'四无居士'——上无领导，下无群众，目无组织，心无旁骛。我的意思是，我不愿意接受任何人对我的指手画脚，也不愿意对别人的行为后果承担责任。我是人类的一分子、社会的一分子，而不是某个组织的人。"

《金刚经》说："凡所有相，皆是虚妄。若见诸相非相，则见如来。"这里说的"所有相"指的是"我相、人相、众生相、寿者相"。如何才能见到"如来"呢？"诸相非相"即是破"所有相"。作为一个平常人该如何破那些虚妄之相呢？孔子给出了答案。

《大学》"八条目"中说出了儒家文化的八个进阶路径：格物、致知、诚意、正心、修身、齐家、治国、平天下。如果把孔子智慧和佛陀智慧结合起来，我们可以试着这样理解。"修身"破"我相"，"四十而不惑，人不知而不愠，不亦君子乎？""齐家"破"人相"，"五十而知天命，不知命，无以为君子"；"治国"破"众生相"，"六十而耳顺，不知礼，无以立"；"平天下"破"寿者相"，"七十而从心所欲，不逾矩，不知言，无以为人"。

孔子倡导的是礼乐社会，礼乐社会的背后是秩序，是天地秩序，是伦理秩序，是人我秩序，是社会秩序。知命，遵循天地秩序；知礼，懂得伦理秩序；知言，悟得身心秩序。心中有秩序才不会被"我相、人相、众生相、寿者相"所迷惑，才能无论何时、何地、何人都能"心平天下平"，可见"如来"。

生活本来如此，千万不必当真，千万不必着相。

【参考书目】

1. 老子道德经注，【魏】王弼注，楼宇烈校释，中华书局，2011 年 1 月出版发行。

2. 做一个清醒的现代人，刘擎著，湖南文艺出版社，2021 年 4 月出版发行。

3. 衍续与嬗代——中国传统价值观漫论，施正康、陈达凯著，上海书店出版社，2021 年 1 月出版发行。

4. 一年顶十年，剽悍一只猫著，北京联合出版公司，2020 年 1 月出版发行。

5. 中国哲学十五讲，杨立华著，北京大学出版社，2019 年 3 月出版发行。

6. 庄子哲学研究，杨立华著，北京大学出版社，2020 年 9 月出版发行。

7. 傅佩荣讲庄子，傅佩荣著，北京联合出版公司，2018 年 5 月出版发行。

8. 老子通释，余秋雨著，北京联合出版公司，2021 年 3 月出版发行。

9. 祖述槐轩，刘伯谷著，上海科学技术文献出版社，2020 年 1 月出版发行。

10. 论大道，彭富春著，人民出版社，2020 年 6 月出版发行。

11. 轴心时代，【英】凯伦·阿姆斯特朗著，孙艳燕 白彦兵译，海南出版社，2010 年出版发行。

12. 中国文化的精神，许倬云著，九州出版社，2018 年 11 月出版发行。

13. 东西之道，【德】汉斯－格奥尔格·梅勒著，刘道光译，北京联合出版公司，2018 年 10 月出版发行。

14. 毓老师说大学，爱新觉罗·毓鋆讲述，陈絅整理，上海三联书店，2015 年 3 月出版发行。

15. 四书通讲，刘强著，广西师范大学出版社，2021 年 6 月出版发行。

16. 中国哲学简史，冯友兰著，北京大学出版社，2013 年 1 月出版发行。

17. 大学解读，陈来　王志民 主编，齐鲁社，2019 年 12 月出版发行。

18. 毓老师说中庸，爱新觉罗·毓鋆讲述，陈絧整理，上海三联书店，2015 年 3 月出版发行。

19. 论语 大学 中庸，陈晓芬 徐儒宗译注，中华书局，2011 年 3 月出版发行。

20. 改变思维，钱旭红著，上海文艺出版社，2020 年 8 月出版发行。

21. 天地人生，王蒙著，江苏人民出版社，凤凰出版社，2022 年 10 月出版发行。

22. 脉动中国——许纪霖的 50 堂传统文化课，上海三联书店，2021 年 3 月出版发行。

23. 书太多了（增订版），吕淑湘著，上海文艺出版社，2021 年 1 月出版发行。

24. 书读完了，金克木，上海文艺出版社，2021 年 1 月出版发行。

25. 中国文化精神的特质，郭齐勇著，生活·读书·新知三联书店，2018 年 5 月出版发行。

26. 四书精华阶梯，朱高正著，浙江大学出版社。2013 年 11 月出版发行。

27. 杨鹏解读《大学》，杨鹏著，上海社会科学院出版社，2022 年 8 月出版发行。

28 人生的态度，林语堂著，湖南文艺出版社，2019 年 11 月出版发行。

29. 古代宗教与伦理——儒家思想的根源，陈来著，2017 年 5 月出版发行。

30. 中国的智慧，林语堂著，湖南文艺出版社，2016 年 9 月出版发行。

31. 近思录，【宋】朱熹 吕祖谦编，中州古籍出版社，2008 年 1 月第二版。

32. 新纲常——探寻一个好社会，何怀宏著，广西师范大学出版社，2021 年 10

月出版发行。

33. 乐教与中国文化，金忠明，上海教育出版社，1994年2月出版发行。

34. 道德经说什么，韩鹏杰著，江西人民出版社，2019年6月出版发行。

35. 大道和小道，刀儿登，九州出版社，2019年9月出版发行。

36. 中国人的日常呈现，翟学伟，南京大学出版社，2016年3月出版发行。

37. 君子之道，余秋雨著，北京联合出版公司，2014年8月出版发行。

38. 周易注校释，【魏】王弼注，楼宇烈校释，中华书局，2012年3月出版发行。

39. 老子《道德经》的现代解读，王邦雄著，北京联合出版公司，2019年11月出版发行。

40. 雪漠智慧课程，雪漠著，中国大百科出版社，2020年8月出版发行。

41. 量子领导力，曹慰德【美】克里斯·拉兹洛著，机械工业出版社，2021年6月出版发行。

42. 智识分子——做个复杂的现代人，万维钢著，电子工业出版社，2016年2月出版发行。

43. 高手——精英的见识和我们的时代，万维钢著，电子工业出版社，2017年11月出版发行。

44. 洞见——从科学到哲学，打开人类的认知真相，【美】罗伯特赖特著，宋伟译，北京联合出版公司，2020年8月出版发行。

45. 论孔子，彭富春著，人民出版社，2016年4月出版发行。

46. 中国思维的根系研究笔记，萧延中著，中央编译出版社，2020年10月出版发行。

图书在版编目（CIP）数据

举一反百：中国传统文化中的财富与幸福心法 / 知止斋主著. -- 上海：上海文化出版社, 2025.4
　ISBN 978-7-5535-2908-0

　Ⅰ.①举… Ⅱ.①知… Ⅲ.①中华文化－通俗读物
Ⅳ.①K203-49

中国国家版本馆CIP数据核字(2024)第030609号

出　版　人：姜逸青
责任编辑：王茗斐
封面设计：王　伟
内文排版：华　婵

书　　名：举一反百：中国传统文化中的财富与幸福心法
著　　者：知止斋主
出　　版：上海世纪出版集团　上海文化出版社
地　　址：上海市闵行区号景路159弄A座3楼　201101
发　　行：上海文艺出版社发行中心
　　　　　上海市闵行区号景路159弄A座2楼206室　201101 www.ewen.co
印　　刷：商务印书馆上海印刷有限公司
开　　本：889×1194　1/32
印　　张：9.625
印　　次：2025年4月第1版　2025年4月第1次印刷
书　　号：ISBN 978-7-5535-2908-0/G.477
定　　价：68.00元
告 读 者：如发现本书有质量问题请与印刷厂质量科联系 T：021-56324200